J. Donald Walters – Die Liebe fürs Leben

J. Donald Walters

Die Liebe fürs Leben

Partnerschaft als Weg zur Selbstverwirklichung

MANDALA
MEDIA

Aus dem Amerikanischen von Ulrich Pützstück

Originaltitel: Expansive Marriage
Erschienen bei Crystal Clarity Publishes c/o Ananda Europa, Cassella Postale 48, I-06088 Santa Maria degli Angeli, Assisi, Italien, Tel.: +39/ 742 813 620

Umschlaggestaltung: Charles Huguenin
Umschlagfoto: Sarah Moffat
Satz: Mandala Media, Rheinfelden
Herstellung: F. X. Stückle, Ettenheim
Printed in Germany
ISBN 3-906983-01-3
Mandala Media AG, Postfach 404, CH-4310 Rheinfelden

Inhalt

Vorwort zur deutschen Ausgabe

Wozu Partnerschaft, wozu Ehe? Nach wie vor ist für die meisten Menschen die Erfüllung ihres Lebens untrennbar mit einer beständigen und befriedigenden Partnerschaft verbunden – selbst dann, wenn sie schon einen oder mehrere vergebliche und schmerzhafte Versuche hinter sich haben, oder sogar dann, wenn sie in einer ausweglosen Beziehung zu stecken meinen.

Was können wir tun, um den Traum von einer beständigen Beziehung zu einem anderen Menschen wahr werden zu lassen? Er wird wahr, wenn wir aufhören zu träumen. Er wird wahr, wenn wir lernen die Ernüchterung, die früher oder später jede menschliche Beziehung ereilt, als das zu sehen, was sie wirklich ist: als Wahrheit über uns selbst. Schließlich sind es *unsere* Vorstellungen, die sich nicht so wie erwartet erfüllen. Wir haben uns von der Partnerin oder dem Partner dies und jenes versprochen. Hat sie oder er es uns auch versprochen, und wenn ja, was hat sie oder er damit gemeint? Haben wir das Verständnis für unseren Partner, das wir uns von ihm oder ihr wünschen?

Es geht in diesem Buch nicht darum, Fehler bei sich selbst oder dem anderen zu finden – das ist viel zu einfach und freudlos –, sondern darum, Glück und Freude des Verliebtseins zu bewahren und zu steigern. Allerdings auf eine Weise, die uns oft genug an unsere Grenzen bringt und sogar darüber hinaus. *Expansive Marriage*, Sich-ausdehnende-Ehe, ist der Originaltitel dieses Buches und damit ist auch schon das Erfolgsrezept verraten. Jede Beziehung braucht, um dauerhaft zu sein, Bewegung und Erweiterung. Zum Glück des gemeinsamen Lebens mit einer Partnerin oder einem Partner gehört die Bereitschaft über

sich hinaus zu wachsen. Wenn wir die Andersartigkeit des anderen als Bereicherung unseres Lebens annehmen können, sind wir auf dem richtigen Weg.

In diesem Buch ist oft von Ehe die Rede. Ehe ist hier nicht gemeint als gesellschaftlich anerkannte Lebensgemeinschaft, sondern als eine innere Entscheidung, sein Herz völlig für die Ängste und Freuden eines anderen Menschen zu öffnen, das Schicksal des anderen als ein Teil des eigenen Schicksals anzunehmen. Jeder Mensch, der uns begegnet, ist Teil unseres Schicksals. Insofern haben die Regeln und Hinweise dieses Buches für alle unsere Beziehungen Gültigkeit. Ganz besondere Bedeutung haben sie aber für die eine Beziehung zu dem Menschen, dessen Glück der Spiegel unseres eigenen Erfülltseins von der Kraft der Liebe in uns ist.

Ulrich Pützstück
Mandala Media

Vorwort

In dieser Zeit der kulturellen Umwälzungen sieht sich die Institution Ehe wie so viele soziale Normen einer tiefgreifenden Herausforderung ausgesetzt. Ehen, die auf dem «Sich-gut-fühlen» und «gegenseitiger Bedürfnisbefriedigung» beruhen, haben sich als frustrierend erwiesen. Es braucht neue Einsichten, die in universellen Wahrheiten verankert und die fähig sind, sich den verändernden Umständen anzupassen.

Wir leben in einer Welt, eher noch in einer Ära, in der – wie es die alte Maxime sagt – alles im Fluß ist. Je größer der Fluß oder die äußeren Veränderungen sind, um so größer wird das Bedürfnis nach etwas Beständigem in unserem Leben, einem spirituellen Zentrum in uns selbst, auf das sich unsere sich ständig verändernden Erfahrungen beziehen können. Was die Ehe betrifft, so benötigt unsere Kultur heute ein neues Leitbild für Beziehungen, das sowohl die äußerliche Institution als auch den inneren Prozeß der Selbstentfaltung mit einschließt.

Die Vision, die im Titel dieses Buches liegt, soll beiden Bedürfnissen entsprechen. «Liebe» hat den Bedeutungszusammenhang von etwas, das der Absicht nach wenigstens fest und dauernd ist. «Leben» drückt das Bedürfnis aus, kreativ den *inneren* Herausforderungen der Ehe zu begegnen. Indem man sich auf «die Liebe fürs Leben» einläßt, gibt man sich etwas hin, von dem man weiß, daß es sich ständig verändern *muß*. Indem man darauf achtet, was die Veränderung einem selbst über die eigene Natur widerspiegelt, würdigt man diesen Umstand als Gelegenheit zur gegenseitigen Förderung und zur Selbstentwicklung. Dies ist der Kern des neuen Leitbildes der Ehe: die Empfäng-

lichkeit für Veränderung, die Achtung einer unterschiedlichen Meinung und die wachsende Verankerung in einer spirituellen Wirklichkeit, die sich niemals verändert.

Meiner Meinung nach erwächst aus der Achtung unterschiedlicher Meinungen und Standpunkte eine dem Wandel gegenüber aufgeschlossenere Einstellung. Das Annehmen dieser Unterschiede begünstigt eine offenere und immer umfassendere Auflösung der entsprechenden Meinungsverschiedenheiten.

Aus tiefstem Herzen stimme ich J. Donald Walters Betonung der Bedeutung von Kreativität in der Ehe zu. In meinem Buch, *The Couple's Journey*, nannte ich sie «gemeinsame Kreativität» – die fünfte Stufe auf dem Weg zur Ganzheit. Die vorherigen Stufen sind da, um die Vergangenheit zu heilen. Auf den reiferen Stufen wird die Kreativität einer Paarbeziehung mit der sie umgebenden Welt geteilt. Gemeinsame Kreativität bindet Mann und Frau in eine gemeinsam entwickelnde Aktivität ein und führt das Paar noch näher zu Gott.

Ich schätze auch sehr Walters Vorstellung von der Ehe als einem Mittel, das das Beste in jedem Partner fördert. In der Vergangenheit waren die meisten Ehen am Komfort orientiert und nicht am Wachstum. Aber in diesen Zeiten der planetaren Krise und des Wandels ist es angebracht, daß Paare aufbrechen, um den neuen Herausforderungen zu begegnen. Partner müssen für sich selbst danach trachten und sich gegenseitig dazu anregen, ihr größtmögliches Potential zu leben. Inspiration ist der einzige Weg, um bedeutenden Wandel beim Partner und bei sich selbst zu bewirken. Es ist Zeit, daß die Menschen wahrnehmen, daß Wandel weder durch Schuld und Selbstanklage noch durch Manipulation oder Kontrolle bewirkt werden kann. Inspiration vermittelt die Hinwendung zum neuen Leitbild.

Walters hat offensichtlich einen großen Teil seines Lebens dem Studium des menschlichen Energiesystems gewidmet. Unsere gegenwärtige Kultur braucht dringend eine klarere Sichtweise der menschlichen Energie – wie sie erzeugt wird, wie sie

genährt und erhalten wird und wie man sie anwendet, um anderen und sich selbst zu helfen. Das neuerdings in Erscheinung tretende Beziehungsleitbild schließt ein sich vertiefendes Verständnis von *Energie* in immer feineren Aspekten mit ein. Die Vision von *Die Liebe fürs Leben* – mit ihrer Betonung von Inspiration, Kreativität und geteilter Gemeinsamkeit sogar in der Praxis des gemeinsamen Schweigens – trägt bedeutend zu diesem neuen Leitbild bei, indem sie ein sehr entwickeltes Verständnis des Energiekonzepts nachzeichnet. Energie ist ein spirituelles Phänomen. Das Einlassen auf die Liebe fürs Leben wird die Beziehung zur Lebenskraft verändern, die durch jeden von uns pulsiert und die wir «Energie» nennen. Und wenn Sie weiter auf diesem Weg schreiten, werden Sie bemerken, daß das, was Sie gewohnt waren als Ihre persönliche Energie anzusehen, tatsächlich Teil eines riesigen Ozeans von Energie ist. Sich zu dieser universellen Energie hin auszudehnen ist schließlich nichts anderes als die Liebe fürs Leben.

Es ist meine Hoffnung, daß immer mehr von uns neue Entdeckungen auf diesem Weg der Selbstverwirklichung machen, daß wir uns selbst heilen, unsere Familien, unsere Gemeinschaften und unseren Planeten.

Susan M. Campbell
Belvedere, Kalifornien

Einführung

Wenn dem Leser ein Buch über Ehe präsentiert wird, wird er vielleicht etwas über die Befähigung des Autors wissen wollen. Ist er Eheberater? Hat er einen speziellen Universitätsabschluß oder hat er sogar darüber promoviert? Welche anderen Bücher hat er über dieses Thema geschrieben?

Ich habe während vieler Jahre – fünfundvierzig bis jetzt – Menschen beraten. Ich habe mein ganzes Leben lang mit Menschen gearbeitet, öffentlich und in privatem Rahmen. Ich habe in vielen Ländern, in Ost und West, gelebt und mich mit vielen Gebräuchen und kulturellen Gewohnheiten vertraut gemacht. Ich habe über sechzig Bücher geschrieben, deren Themen oft direkten oder indirekten Bezug zur Ehe hatten. Ich habe eine große und blühende spirituelle Gemeinschaft namens Ananda Village, deren Leiter ich auch bin, in der Nähe von Nevada City, Kalifornien, gegründet, sowie mehrere kleinere in Amerika und anderen Ländern.

Aber meine bei weitem wichtigste Befähigung ist, daß ich bei einem der wirklich weisen Menschen dieses Jahrhunderts gelernt habe: Paramahansa Yogananda. Auf den Reisen meines Lebens habe ich viele der großen und berühmten getroffen. Niemand hatte die Wirkung auf mich, wie Yogananda sie hatte. Ich hatte das Glück bei ihm dreieinhalb Jahre lang zu studieren. Wenn dieses Buch Weisheit enhält und es sich für Sie als hilfreich erweist, ist es vor allem Yoganandas weiser Beratung zu verdanken.

Ein Aspekt seines Lehrens war, daß er niemals anderen Menschen ein Glaubenssystem aufgezwungen hat. Obwohl die Es-

senz seiner Lehre spirituell war, hat er die Menschen dort getroffen, wo sie auf der psychologischen Ebene waren. Weit entfernt davon, sie zu etwas Spirituellem zu bekehren, half er ihnen ihren eigenen Interessen und Bedürfnissen entsprechend, bot ihnen mehr, wenn sie es wollten, aber nicht, wenn sie es nicht wollten. Durch seine Einstimmung auf Menschen in allen Lebenslagen und die Stufen ihrer geistigen Reife war er in der Lage, ihnen auf äußerst praktische Weise zu helfen.

Ich sage nicht, daß die Ideen in diesem Buch seine waren. Manche sind es gewesen. Manche sind es nicht gewesen. Was er mir gab, war ein Zugang, kein System vorgefertigter Rezepte. Er pflegte zu sagen, daß es besser sei, einem Menschen zu lehren, wie er selbst Geld verdienen könne, als ihm Geld zu geben.

KAPITEL 1

Eine Richtung – kein Ende

«Sie heirateten und lebten vortan glücklich zusammen.» Enden so nicht die meisten Märchen? Aber das ist auch schon alles, was sie sind: Märchen.

Auch romantische Komödien, obwohl sie es nicht immer mit so vielen Worten sagen, enden gewöhnlich mit dem gleichen strahlenden Versprechen: ungetrübte Hochzeitsfreuden, die immerwährend wie ein Regen von Rosenblättern die Paare überschütten, die, wenn sie einmal den Knoten geknüpft haben, auf einer üppig bemoosten, saftigen Wiese durch das Leben schlendern.

Menschen sind seit ihrer frühen Kindheit darauf konditioniert, die Ehe als natürliche Lösung der Suche nach Glück anzusehen. Der edle Prinz heiratet die wunderschöne Prinzessin – die mit den langen goldenen Locken. Der arme Hirtenjunge bekommt die weitentfernte und unnahbare Prinzessin. Cinderella ist nach Jahren erniedrigender Arbeit und auszehrender Verachtung von ihren Nächsten unter den schönsten Jungfrauen des Landes dazu auserwählt, den vornehmen Prinzen zu heiraten.

Solch eine Sicht der Ehe ist zweidimensional. Sie zeigt uns nicht, wie der Weg in der weiteren Zukunft immer mehr unsichtbar wird und daher auch keine zukünftigen Herausforderungen. Das Paar in diesem Bild geht nicht gemeinsam die Straße des Lebens entlang: Sie machen bloß einen Schritt in die Leinwand und verschwinden. Wie oft hat eine Ehe, die mit solch glückverheißenden Aussichten geschlossen wurde, sich als enttäuschend erwiesen!

Es ist natürlich, Hochzeiten zu romantisieren. Eine Braut will Weiß tragen und würde sich um etwas Wertvolles betrogen fühlen, wenn nicht sogar offen rebellieren, wenn die Mode ihr diktieren würde, Tweed zu tragen. Gäste wollen ein Hochzeitsfest und würden sich betrogen fühlen, wenn alles, was sie für ihre Geschenke bekommen würden, Tortilla Chips und eine pikante Joghurtsoße wäre. Die Eltern wollen Glückwünsche (und vielleicht auch den Neid?) ihrer Freunde. Die Kinder wollen eine Gelegenheit, ausgelassen und wild zu sein, ohne ausgeschimpft zu werden. Alle wollen eine schöne Zeit haben. Und der Bräutigam – nun ja, der Bräutigam: Er wird vielleicht dann glücklich sein, wenn er endlich seinen steifen Anzug, der seiner Meinung nach mehr für die Oper taugt, gegen etwas Bequemeres tauschen kann.

Es ist völlig normal, daß Hochzeiten romantisiert werden. Die Ehe aber ist eine andere Geschichte. Sie sollte realistisch gesehen werden.

Die Ehe ist ein Stand des Menschen; sie kann den Menschen nicht mehr geben, als was sie selbst mitbringen. Die Aufgabe der Ehe ist nicht, die Menschen in den Himmel zu heben. Ehe ist kein Ersatz für göttliche Ekstase. Alles, was sie den Menschen geben kann, ist eine neue Wahrnehmung dessen, was sie schon in sich selbst sind.

Auf dem Hintergrund des fehlerhaften Zustandes in dem sich die meisten menschlichen Wesen befinden, ist die Selbstwahrnehmung, die die Ehe schenkt, nicht immer einfach zu ertragen.

Eine Gelegenheit zum Wachstum

Man sollte sich der Ehe nicht wie einem wunderschönen aber stillstehenden Gemälde nähern. Sie sollte eher als Gelegenheit zu immer weiterem Wachstum und zur Entwicklung gesehen werden. Sie sollte als Herausforderung und Möglichkeit gelten,

jemand anderen glücklich zu machen, und nicht nur egoistischerweise der Erfüllung des eigenen Glücks dienen. Ehe sollte kreativ geführt werden, wie eine Kunst. Paare sollten jeden Tag nach neuen Wegen suchen, um sich gegenseitig ihre Liebe zu zeigen und das Beste im anderen und in sich selbst zum Vorschein zu bringen.

Kreativität ist ein Schlüsselwort. Deshalb, weil Ehe nicht schon in sich selbst eine Lösung ist. Sie bietet nur neue Möglichkeiten, um für die Probleme des Lebens Lösungen zu finden. Wir können auch sagen, daß für jede Lösung, die die Ehe bietet, sie auch ein neues Problem zeigt, dem zu begegnen ist. Zuerst mit Zwei multipliziert und dann mit Drei oder mehr, je nachdem wie sich die «gesegneten Ereignisse» häufen.

Jedem Paar, das annimmt für immer glücklich zu leben, ist, nachdem die Hochzeitsglocken verstummt sind, ein rüdes Erwachen sicher. Kaum hat das Läuten nachgelassen, werden andere, grelle Geräusche sich einstellen: der jagende Verkehr der Ansprüche anderer Menschen; die öde Notwendigkeit der Rechnungen; die tägliche Routine des Lebens; die wachsende Einsicht, daß Ehe allein nicht für eine völlige Verschmelzung zweier Menschen sorgt. Spätestens dann, wenn sowohl die verschiedenen Erwartungen deutlicher werden als auch die unterschiedliche Bereitschaft, den Erwartungen zu entsprechen.

Eine tiefere Erfüllung

Die bloße Tatsache, daß Ehe die rosaroten Träume vieler Romantiker nicht wirklich erfüllen kann, heißt nicht, daß sie keine tiefe Erfüllung bieten kann – tatsächlich eine tiefere und wertvollere Erfüllung als die zweidimensionalen Erwartungen an sie. Menschen müssen, wenn sie heiraten, aufhören zu träumen, und sie müssen ihrem gemeinsamen Abenteuer nicht nur Hand in Hand, sondern offenen Auges entgegentreten.

Die wahre Erfüllung im Leben ist niemals statisch. Wahrheit selbst ist nicht statisch. Jede Definition der Wirklichkeit, die höchste Wahrheit eingeschlossen, sollte ein Versuch sein, eine Richtung anzudeuten. Sogar die größte Erfüllung für den Menschen kann nur ein Abglanz der höchsten Vollendung bieten.

Es ist eine Schwäche der menschlichen Natur, Dinge endgültig definieren zu wollen. Definitionen dienen einem Ziel nur insoweit, als sie das Bewußtsein erweitern. Aber sie schränken ein, wenn sie nach der Bewußtseinserweiterung das weitere Wachstum behindern.

Vor Jahren habe ich eine Reihe von Vorträgen in Nordostaustralien gehalten. Am Ende kam ein Mann zu mir und sagte: «Ich war nicht in allen ihren Vorträgen, aber zufällig habe ich das Ende von diesem mitbekommen. Ich bin mit Ihrer Philosophie nicht vertraut, aber habe bemerkt, daß Sie sich auf Gott beziehen. Nun, ich bin ein Atheist. Was können Sie über Gott sagen, das auch für mich von Bedeutung ist?»

Nach einem Moment des Nachdenkens machte ich einen Vorschlag: «Könnten Sie sich Gott als ihr eigenes höchstes Potential vorstellen?»

Er schwieg erstaunt und nickte dann, mit hochgezogenen Augenbrauen, auf diese zögerliche Weise, mit der Australier geneigt sind, einer Kombination von Verwunderung und Zustimmung Ausdruck zu verleihen. «Damit kann ich leben», entschied er sich.

Vollendung in der Ehe sollte wie überall sonst im Leben nicht als unbewegliche Fotografie und nicht als ein feste Ebene gesehen werden, sondern als fortgesetzte Bewegung in eine sich ständig entfaltende Richtung – eine Bewegung die manchmal von Kampf begleitet wird, aber ebenso ein Versprechen der großen Höhen, die erreicht werden, beinhaltet.

Punkte, die man sich merken sollte

1. Ehe kann den Menschen nicht mehr geben, als sie mitbringen.

2. Ehe sollte nicht als Bedürfnisbefriedigung gesehen werden, sondern als Gelegenheit für inneres Wachstum und Entwicklung.

3. Ehe sollte zu einer immerwährenden kreativen Erfahrung gemacht werden.

4. Ehe ist keine Lösung in sich. Sie bietet einfach neue Möglichkeiten, Lösungen für die Probleme des Lebens zu finden.

5. Die wahre Erfüllung im Leben ist niemals statisch. Um so größer die Erfüllung in der Ehe ist, um so mehr deutet sie in eine Richtung auf bis jetzt noch unerforschte Höhen hin.

6. Vollendung in der Ehe sollte als eine stetige Bewegung in eine sich ständig entfaltende Richtung gesehen werden.

KAPITEL 2

Die Notwendigkeit der Erweiterung

Es gibt zwei verschiedene Strömungen von Energie und Bewußtsein im Leben. Die eine ist ausdehnend, erweiternd; die andere ist zusammenziehend. Heraklit, der Philosoph der griechischen Antike, hat es für alle Zeiten treffend formuliert: «Alles ist im Fluß.» Wie bei Ebbe und Flut, so fließt das Leben zwischen Expansion und Kontraktion. Manchmal arbeiten beide Strömungen simultan. Die Ausdehnung von Erfolg zum Beispiel könnte aufgewogen werden durch Kranheit und Verminderung der Energie. Wachsendes Wissen kann durch die Schwächen zunehmenden Alters getrübt werden oder durch die vorgeschriebene Pensionierung unfruchtbar werden.

Das Leben, obwohl es vielschichtiger ist als die Gezeiten des Meeres, ähnelt ihnen in dem Punkt des ständigen Sich-Ausdehnens und Sich-Zusammenziehens. Wir können diese Strömungen sicherlich nicht unberücksichtigt lassen, aber wir können sie mit ein wenig Weisheit zum Vorteil nutzen. Die Verminderung der physischen Energie während einer Krankheit zum Beispiel, die eine äußerliche Untätigkeit auferlegt, kann dadurch genutzt werden, daß wir die Energie umleiten, um unser Wissen und Verstehen zu fördern. Die Tatsache, daß wir aufgrund des Alters zur Pensionierung gezwungen sind, kann uns anregen, unsere Energie in andere, kreativere Bahnen zu lenken: vielleicht ins Malen oder Schreiben oder in die Beratung anderer, die sich noch immer in der täglichen Tretmühle abplagen.

Es gibt also mit anderen Worten Aspekte der zwei Strömungen von Ausdehnung und Zusammenziehen, die durch den

menschlichen Willen zu beeinflussen sind. Äußere Verhältnisse können nicht immer verändert werden, aber unsere *Reaktion* auf sie können wir immer selbst bestimmen.

Ehe hat wie das Leben selbst und alle Beziehungen des Menschen ihre Höhen und Tiefen. Die Ausdehnung von heute, sei es der äußere Erfolg oder das innere Gefühl von Liebe oder Glück, wechselt unvermeidlich mit dem Gegenteil. Dies ist der unentrinnbare Lauf der Dinge. Was können Paare anderes tun, als dies zu akzeptieren? Nur dann können sie das Beste daraus machen. Dieses «Beste» hängt davon ab, wie einsichtig eine Person auf die ihr geschehenden Dinge reagiert.

Der liebevollste Austausch kann einem plötzlichen Stimmungsumschwung Platz machen. Was tut man, wenn der Partner unerwartet vom Lachen zum Weinen übergeht, vom zärtlichen Lächeln zu Wut und Spott? Die normale menschliche Reaktion ist, mit Rückzug zu reagieren: innerlich Widerstand zu leisten, sich verletzt zu fühlen – oder anders, sich mit gleicher Münze zu rächen.

Zurückzuschlagen zwingt beide Partner in den Fluß der sich zusammenziehenden Energie. Solange nur ein Partner dieser Strömung erliegt, ist der andere vielleicht fähig, beide aus dieser Strömung zu befreien. Wenn beide darinsitzen, kann man nichts tun, außer zu warten, bis die Gezeiten sich ändern – in einem Tag, einer Woche oder – Jahren? Wenn beide Partner in einer Ehe sich zurückziehen, sind sie wie zwei Südpole eines Magneten, die sich gegenseitig in die Nähe kommen: Sie stoßen einander ab, anstatt den natürlichen Magnetismus zwischen sich wachsen zu lassen.

Die Gefahr des Sichzurückziehens

Die Ehe wird auch von außen bedroht. Der Erfolg von heute kann leicht zum Mißerfolg von morgen werden. Was können

Paare tun, wenn solch ein Wechsel geschieht? Wenn sie negativ reagieren – nicht gegeneinander, sondern gegenüber der Welt – bringen sie sich in eine noch schlimmere Lage. Es ist traurig, wenn eine Ehe in der Scheidung endet, aber es ist tragisch wenn ein gemeinsames Sichzurückziehen für ein Paar in der Abscheidung von der gegebenen Realität mündet. Denn in diesem Fall vereinigt sich die Tendenz des Sichzurückziehens beider.

Wenn Partner sich voneinander zurückziehen, wird ihre Ehe geschwächt, wenn nicht sogar bedroht. Aber wenn sie sich in gegenseitiger Übereinstimmung von den äußeren Herausforderungen auf ihr Glück zurückziehen, stärken sie ihre gemeinsame Verbindung durch die Betonung des begrenzenden und nicht durch den erweiternden Aspekt. Sie schwächen dadurch ihre Fähigkeit, kreativ mit dem Leben selbst umzugehen. In diesem Fall wird die Ehe anstatt zu einer Hilfe für das Wachstum zu einem festgefügten Hindernis.

Ausdehnung, Erweiterung und Sichzurückziehen, sind in der Natur wie die Gezeiten des Meeres immer neutral. In der menschlichen Natur verhält sich das anders. Wir können – wir *müssen* – uns über das Kontraktive erheben und energetisch mit dem Ausdehnenden schwimmen, weil davon unser stetiges Wachstum und unser dauerndes Glück abhängt. Eine sich erweiternde Lebenseinstellung wird durch ein inneres Gefühl der Erfüllung begleitet. Ein sich zusammenziehendes Bewußtsein wird begleitet von Leid und Bitterkeit.

Warum ist das so? Ich denke deswegen, weil das Sich-Zusammenziehen uns von der größeren Wirklichkeit trennt, von der wir instinktiv wissen, daß wir zu ihr gehören. Das Egobewußtsein trennt uns geistig von dieser Wirklichkeit. Poetische Seelen, die ihr Alleinsein im Universum beklagen, klagen in Wirklichkeit nur über die Intensität ihres Mit-sich-selbst-beschäftigt-Seins. Als Jean Paul Satre schrieb, «Eines anderen bewußt zu sein ist, sich dessen bewußt zu sein, was man selbst nicht ist», verriet er dadurch einfach nur seine Ego-Abhängigkeit;

er zeigte damit keine philosophische Tiefe. Alle von uns sind in Wahrheit ein Teil des umfassenden Seins. Wie die Wellen auf dem Meer, so sind unsere Egos lediglich Erhebungen in der unendlichen Wirklichkeit.

In diesem Sinn gibt es etwas in uns allen, das versucht diese Wirklichkeit zu berühren, um sie zu umarmen. Wir fühlen uns in dem Maße erfüllt, in dem uns dies gelingt. Und wir fühlen uns in dem Maße um die Erfüllung betrogen, in dem wir uns in uns zurückziehen und diese Wirklichkeit zurückweisen.

Das Sich-Ausdehnen und Sich-Zusammenziehen, das die Natur uns von außen auferlegt, ist unvermeidlich. *Unser eigenes* Zusammenziehen oder Erweitern des Bewußtseins ist andererseits nicht durch die äußere Natur bestimmt, sondern durch uns selbst. Durch die Art, wie wir auf äußere Umstände reagieren, bestimmen wir, ob unser Leben mit dem aufwärtsgerichteten, integrierenden und erweiternden Fortgang der Evolution fließen soll oder ob wir uns der abwärtsgerichteten, rückläufigen Entwicklung der Natur im Zusammenziehen und der Ausgliederung anschließen.

Nur wir und sonst niemand

Ehe sollte ein integrierender und erweiternder Prozeß sein: eine Vereinigung von zwei Seelen; eine Einladung an andere Seelen, an diesem Prozeß als Kinder teilzunehmen. Wenn sich diese an sich erweiternde Verbindung trotzdem später in eine Bestätigung des Getrenntseins von allen außerhalb der familiären Einheit verwandelt, ist das das Ergebnis des allgegenwärtigen Prozesses des Sich-Zusammenziehens und der Ausgliederung.

Die geistige Angewohnheit des Rückzugs oder der Rückläufigkeit arbeitet gegen den tiefsten Antrieb der menschlichen Natur, der immer auf Selbsterweiterung ausgerichtet ist. Weil diese Angewohnheit Energie und Wahrnehmung nach innen auf das

Ego zieht, bewirkt sie Isolation. Ein zurückziehendes Verhalten degeneriert, weil es ein Zurückweisen der Herausforderungen des Lebens bedeutet und einen Versuch, ihnen selbstschützlerisch zu begegnen. Das Ergebnis ist ein Gefühl von schwindender Identität.

Ein innerlicher Rückzug auf das Ego bringt immer ein Gefühl von Verlust, von Leiden und Schmerz mit sich – die Folgen eines geistigen und spirituellen Erstickens. Ehe ist nur heilsam, wenn die Erweiterung, die sie unterstützen sollte, sich nach außen auf die Welt erstreckt. Wenn dem nicht so ist, werden Paare, die ihre Zuneigung nur auf sich selbst beschränken, psychisch verwachsen. Wie bei Doppelsternen wird die Anziehungskraft ihres Egomagnetismus nur gestärkt werden.

Kontraktion und Expansion dürfen nur als *Richtungen* verstanden werden, nicht als festgefügte Realität. An keinem Punkt ist es erlaubt zu sagen, «Ich bin nun endlich in dem erweiterten Zustand», oder jemanden als «völlig zurückgezogen» anzuprangern! Anders als beim menschlichen Körper erreicht die Enwicklung der Seele niemals ihren Endpunkt.

Ein «Nur-wir-und-sonst-niemand»-Bewußtsein ist nur scheinbar erweitert. Am Ende wird es den Strudel der egobezogenen Energie kräftigen, von dem es trügerischerweise ein Entkommen versprochen hatte. Psychologisch gesehen schafft es ein bequemes Nest, in dem die Begrenztheit als Prinzip verherrlicht wird, und die strahlende Intelligenz der frühen Jahre verkümmert immer mehr zu der murmelnden Verdrossenheit des Alters.

Auf der anderen Seite erzeugt ein sich erweiterndes Verhalten eine Ausdehnung der *Selbst*wahrnehmung: ein wachsendes Gefühl der Identität, das eine größere Realität miteinschließt. Dies ist ein Teil dessen, was Ehe und Familie zu einer so bedeutenden menschlichen Institution macht. Denn durch die Aufforderung, das Wohlergehen anderer miteinzubeziehen, werden die Menschen ermutigt, nach außen gerichtete Zuneigung zu entwickeln und ihre Selbstwahrnehmung zu erweitern.

Egoismus – auch wenn er im Namen von Selbsterfüllung gerechtfertigt wird – hat den gegenteiligen Effekt: Er verengt unsere Maßstäbe. Wenn die Sympathien des Herzens nach innen schrumpfen, wringen sie – in sehr realem Sinn – das Herz aus und machen es trocken und hart. Hartherzigkeit vermindert zunächst unsere Fähigkeit, gegenüber anderen und schließlich sogar für uns selbst Sympathie zu empfinden. Nachdem wir die Fähigkeit zu fühlen verloren haben, erfahren wir starkes inneres Leiden.

Großzügigkeit hat die erfüllende Wirkung, das Herz zu besänftigen. Nur mit liebevollen Gefühlen können wir im Leben das erreichen, was wir wirklich wollen: eine Ausdehnung der inneren Freude.

Dies sind einfache Tatsachen des Lebens. Sie sind universell, keine Frage von persönlichem Geschmack, Meinung oder religiöser Überzeugung.

Der Sinn der Ehe

Damit die Ehe eine erfüllende Erfahrung wird, darf sie nicht die geistigen Fenster vor der Welt schließen: Sie muß sie in einem Gefühl der Verbundenheit mit allem Leben öffnen. Wenn Paare sich aus einem Geist des Gebens nicht des Nehmens heraus lieben, stärken sie sich. In dieser wachsenden Stärke entdecken sie das natürliche Bedürfnis, die ganze Welt liebevoll zu umarmen, ohne Angst, sicher in ihrem Gefühl, einander *anzugehören*, und durch den jeweils anderen, dem Universum.

Seinen Ehepartner wahrlich zu lieben meint nicht, die Liebe auf ihn oder sie zu beschränken, sondern Stück für Stück die Liebe selbst zu erweitern, bis sie als universelle Wahrheit erkannt wird.

Ehe hatte in einem größeren Zusammenhang niemals die Bedeutung einer «geschlossenen Gesellschaft». Sie sollte unser Be-

wußtsein von den engen Begrenzungen der Selbstliebe befreien, damit wir am Ende die universelle, göttliche Liebe bereitwillig in uns aufnehmen.

Punkte, die man sich merken sollte

1. Es gibt zwei Strömungen, die stetig im Leben wirken: die eine ist ausdehnend, erweiternd; die andere zusammenziehend, rückläufig.

2. Während wir diese Strömungen in der Außenwelt nicht kontrollieren können, *können* wir unsere Reaktionen auf sie steuern und sie dadurch zum Vorteil nutzen.

3. Eine Reaktion, die auf Erweiterung zielt, ist von einem inneren Gefühl der Erfüllung begleitet. Eine Reaktion, die ein Sich-Zusammenziehen beinhaltet, wird von Leid und Bitterkeit begleitet.

4. Wir finden in dem Maße Erfüllung im Leben, in dem es uns gelingt, uns nach einer Wirklichkeit, die größer ist als wir selbst, auszurichten und sie in uns aufzunehmen.

5. Ehe ist wirklich befruchtend, wenn die Erweiterung des Selbstes, die sie fördern sollte, sich nach außen entwickelt und die Welt miteinschließt.

6. Zusammenziehen und Ausdehnen dürfen nur als *Richtungen* verstanden werden und nicht als festgelegte Zustände.

7. Ein Verhalten, das auf Erweiterung gerichtet ist, erzeugt eine Ausdehnung der *Selbst*wahrnehmung.

8. Großzügigkeit hat die erfüllende Wirkung, das Herz zu besänftigen. Nur mit liebevollen Gefühlen können wir im Leben das erreichen, was wir wirklich wollen: eine Erweiterung der inneren Freude.

9. Eine erfüllte Ehe muß die geistigen Fenster auf eine Verbundenheit mit dem ganzen Leben hin öffnen.

10. Seinen Ehepartner wirklich zu lieben heißt, die Liebe immer mehr zu erweitern, bis sie universell wird.

KAPITEL 3

Warum Ehe?

Es gibt eine Geschichte von einem Bildhauer in Indien, der von einem Bewunderer gefragt wurde, wie er es geschaft habe, die Gestalt eines Elefanten so perfekt aus dem Stein herauszuarbeiten.

«Das war leicht», antwortete der Künstler. «Ich habe einfach alles weggemeißelt, was nicht nach einem Elefanten aussah.»

An die Ehe sollte man in einem ähnlichen Geist herangehen. Weil wenn man wahrlich Glück in der Ehe finden will, muß man aufrichtig gegenüber sich selbst sein. Jedes selbstsüchtige Verlangen muß als das «schwarze Loch» erkannt werden, das es ist, und konsequent verbannt werden. Jede zusammenziehende Erwartung muß in dem Moment, in dem sie in das Bewußtsein tritt, erfaßt und beseitigt werden.

Unglücklicherweise ermutigt die Gesellschaft zum Egoismus, indem sie den Genuß in der Ehe betont und nicht die Verpflichtungen. Die Konsequenz ist nur zu oft eine Tragödie.

Es war die Angst vor dieser Tragödie, die ein Paar, Freunde von mir, dazu bewog, die Ehe überhaupt abzulehnen. Als ich ihnen vorschlug zu heiraten (sie lebten seit Jahren zusammen), antworteten sie mir, daß sie bei so vielen ihrer Freunde gesehen hätten, wie die nach Jahren treuen Zusammenlebens sich getrennt hätten, nachdem sie ihre Verbindung mit Hochzeitsgelübten gefeiert hätten.

Ich war erstaunt und fragte warum. Das Paar erzählte es mir so: Nach der Hochzeit hatten ihre Freunde unterschiedliche Erwartungen aneinander, die in ihren Gedanken darüber gründe-

ten, was Ehe für eine Bedeutung haben *sollte*. Sie waren einem kulturellen Mythos auf den Leim gegangen. Zum Beispiel dachten beide in der Art, daß ihr Partner ihnen etwas *schuldete*. Vorher stand ihre Verbindung auf der Grundlage gegenseitiger Freiheit. Nun war sie auf das gebaut, was sie vom anderen bekommen können.

Wir sehen hier wieder, wie wichtig der *erweiternde* Aspekt der Ehe ist. Dem beim Heiraten irgendwie mitinbegriffenen Eigennutz darf man keinen Raum geben, obwohl dies oft geschieht und zu einem Feilschen führt, das mehr zu einem orientalischen Bazar paßt. Die Aufmerksamkeit wechselt von dem «Wieviel kann ich geben?» zum «Wieviel kann ich aus dieser Abmachung herausschlagen?».

Ich entgegnete meinen Freunden, daß es meiner Meinung nach falsch ist, die Institution der Ehe selbst zu beschuldigen, und daß der Fehler in den falschen Vorstellungen von der Bedeutung der Ehe liegt.

Damit die Ehe erfolgreich sein soll, muß sie auf einem freiwilligen Teilen beruhen, nicht auf einer wechselseitigen Schuldverschreibung. Dies wäre nur eine andere Form der Knechtschaft. Wenn verheiratete Menschen sich mit dem Gedanken begegnen «Was liegt hier für mich drin?», fliegt die Liebe zum Fenster hinaus. Unglücklicherweise sind die Menschen nicht dazu erzogen worden, auf eine erweiternde Art zu denken. Es gibt heute eher eine wachsende Tendenz in der Gesellschaft zu denken, daß die Welt uns etwas *schuldet*, und nicht daran zu denken, was jeder von uns persönlich für andere und für die Welt tun kann, um sie zu einem besseren Ort für das Leben zu machen.

Es ist Zeit, daß schon Jugendlichen an der Schule Unterricht darüber angeboten wird, wie sie ein erfülltes und glückliches Leben führen können. Die Themen könnten beinhalten, wie man glückliche und harmonische Ehen schafft. Würde ein solcher Unterricht nicht den wahren Bedürfnissen heranwachsender Ju-

gendlicher mehr entsprechen als, sagen wir einmal, die Geschichte des Mittelalters?

Ich bin so überzeugt von der Bedeutung dieser Idee, daß ich ein Buch mit dem Titel *Education for Life* darüber geschrieben habe, in dem Wege beschrieben sind, Kinder auf die Herausforderungen des Lebens vorzubereiten. Dieses Buch bietet einen Unterrichtsplan, der mehr als nur die üblichen Fächer – Lesen, Schreiben und Rechnen – enthält. Der Plan gibt auch Hinweise, wie man in seinem Leben das eigene Wohlergehen und höchste Glück mit dem der anderen verbinden kann.

Die allgemeine Verwirrung

Die Menschen stolpern fast zufällig in die Ehe. Sie verwechseln sie mit Gefühlszuständen und umgeben dann ihre Vorstellungen mit gedämpftem Kerzenlicht und sanfter Musik. Wenn Gedanken an schmutzige Windeln, unbezahlte Rechnungen und sich gegenseitig widersprechende Wünsche trotz allem in diesen romantischen Traum eindringen, dann nur gefiltert von Mondlicht und Engelschören. Jede Wolke über dem zukünftigen wonnevollen Glück des Paares erscheint in der Vorstellung durch ein Lächeln aufgelöst; jedes Schluchzen wird zu einem herzergreifenden Lied umgewandelt; jeder Mißklang in eine perfekte Harmonie aufgelöst.

Es war, glaube ich, George Bernard Shaw, der über die jugendliche Vorstellung, daß romantische Liebe ewig dauert, sagte: «Ich kann mir keinen Menschen vorstellen, der auch nur *wollte*, daß ein solch schwächendes Gefühl für immer anhält!»

Es ist unrealistisch, von der Liebe – rein nur als Emotion betrachtet – zu erwarten, daß sie unverändert über Jahre des Ehelebens anhält – ungeläutert und daher unentwickelt. Die Seele ist zu viel tieferen Gefühlen fähig, Gefühle, die sich bis zu den Höhen göttlicher Liebe erheben. Sogar von der spirituell ausge-

richteten Liebe hat sich in den Leben der Mystiker gezeigt, daß auch diese Flamme nur selten beständig brennt. In der mystischen Literatur wird oft auf «Trockenzeiten» Bezug genommen, wenn die Seele, trotz dem Bedürfnis nach dauernder Hingabe, sich der Süße der Liebe beraubt fühlt.

Wenn es eine Trockenzeit in der Beziehung eines Heiligen zu Gott gibt, um wieviel mehr ist sie dann für die normalen Gefühle in der Beziehung von Mann und Frau vorauszusehen.

Den Nebel beseitigen

Es scheint offensichtlich, wenn wir die Ehe als das betrachten, was sie ist, und nicht durch nebulöse Vorstellungen verschleiert, daß wir sie als völlig normal für die menschlichen Verhältnisse ansehen und nicht als einen speziellen Zustand, der vom normalen Leben abgesondert ist. Was es braucht, um ein glücklicher Mensch zu werden, ist mit anderen Worten im Wesentlichen genau das gleiche wie das, was nötig ist, um ein glücklicher Ehepartner zu werden.

Romantiker werden natürlich nicht mit mir übereinstimmen. Sie werden auf besondere Merkmale bei Angehörigen des anderen Geschlechts – Schönheit zum Beispiel oder (der Himmel helfe ihnen) auf ein Grübchen beim Lächeln – hinweisen, die sie zu bestimmten Menschen als mögliche Ehepartner hinziehen, Menschen, die sie nicht einmal im Traum zu ihren Geschäftspartnern machen würden. Ich bin es natürlich leid, mit ihnen zu diskutieren. Alles was ich sage ist, daß die wirkliche *Grundlage* für eine glückliche Ehe nicht die sexuelle Anziehung ist, sondern die einfachen menschlichen Überlegungen, die für glückliche Verbindungen aller Art gelten – ja sogar für geschäftliche Partnerschaften.

Besonders die Menschen, die ihr Verständnis vergrößern wollen, sollten die Ehe als Zugang zur Erweiterung des Selbstes se-

hen. Das gesteigerte Bemühen sollte vor allem eine spirituelle Dimension miteinbeziehen. Der grundlegende Sinn der Ehe ist ja nicht die Entfaltung zweier Egos in einer «Gesellschaft zur gegenseitigen Bewunderung». Und sie ist sicher nicht bloß zur Arterhaltung gedacht. Sie trägt zum grundlegenden Sinn des Lebens bei, die Begrenzungen des menschlichen Bewußtseins hin zum universellen Bewußtsein zu erweitern.

Die Suche nach höheren Werten

Ich möchte betonen, daß menschliche Wesen mehr sind als nur Tiere. Es würde lächerlich erscheinen, diese Feststellung zu machen, wäre es nicht einer der Glaubenssätze unserer Zeit – Aberglauben ist vielleicht das bessere Wort –, daß Menschen einfach nur das sind: daß ihr Verhalten voll und ganz aus tierischen Bedürfnissen entspringt. Glücklicherweise läßt diese Definition eine immer größer werdende Zahl von Menschen unbefriedigt. Sie beginnen zu vermuten, daß das menschliche Leben nur in dem Maße lebenswert ist, in dem es die Suche nach höheren Werten in die breitgefächerte Suche nach Erfüllung mit einschließt. Kurz, wir haben Seelen, oder besser, wir *sind* Seelen – und deshalb müssen wir auch nach Befriedigung unseres spirituellen Hungers trachten.

Jeder von uns wurde mit einem doppelten Hunger geboren: nach Wissen und nach selbstloser Liebe. Jeder von uns sehnt sich in seiner Seele auch nach vollkommener Freude. Keine menschliche Tätigkeit ist vollständig befriedigend, die diese Bedürfnisse nicht berücksichtigt.

Wenn der einzige Sinn der Ehe die Arterhaltung wäre, schlösse diese Tatsache allein Paare aus, die keine Kinder bekommen können. Ist ihre Ehe wertlos, weil sie biologisch gesehen unfruchtbar ist? Sicherlich nicht! Ehe kann auf andere Arten, die nichts mit Biologie zu tun haben, fruchtbar sein.

Was für Arten sind das denn? Ich habe erwähnt, daß Ehe den Menschen helfen kann, die engen Grenzen von Selbstsucht und Egoismus aufzubrechen. Indem sie lernen eine größere Wirklichkeit als ihre eigene Realität anzunehmen, können sie den harten Panzer der Selbstversunkenheit aufbrechen, der die Menschheit gefangen hält.

Die Ehe kann den Menschen auch helfen, ihr Bewußtsein zu erweitern, indem sie die zwei fundamentalen Aspekte der menschlichen Natur ins Gleichgewicht bringt: Fühlen und Denken. Wenn Fühlen und Denken ausgewogen und verfeinert werden, ist das Ergebnis Liebe und Weisheit, die beiden Hauptattribute Gottes.

Ein weiterer Sinn der Ehe liegt in Selbsterkenntnis und Selbstverständnis. In enger Nähe mit einem anderen Menschen zu leben, bietet eine objektive Prüfungsgrundlage für die persönliche Entwicklung. Denn es relativ leicht, großzügig, freundlich und verzeihend einer zufälligen Bekanntschaft gegenüber zu sein, aber nur im engen, dauernden, täglichen Zusammenleben wird unsere Größe wirklich geprüft.

Punkte, die man sich merken sollte

1. Jede selbstsüchtige Begierde in der Ehe muß als unproduktiv angesehen werden, weil sie ein Rückzug ist, und muß strengstens ausgeschlossen werden.

2. Eine glückliche Ehe muß auf freiwilligem Teilen gegründet sein, nicht auf gegenseitigen Schuldverschreibungen.

3. Die Ehe darf nicht mit Stimmungsbildern verwechselt werden.

4. Die wirkliche Grundlage einer glücklichen Ehe ist nicht so

sehr sexuelle Anziehung als vielmehr die einfache menschliche Rücksichtnahme – Güte zum Beispiel und Entgegenkommen – die für alle glücklichen Verbindungen gilt.

5. Die Suche nach Erweiterung in der Ehe sollte vor allem eine spirituelle Dimension enthalten.

6. Die Ehe ist ein Beitrag zum grundlegenden Sinn des Lebens selbst: Sie erweitert die Begrenzungen des menschlichen Bewußtseins hin zum universellen Bewußtsein

7. Jeder von uns wurde mit dem Hunger nach Wissen, bedingungsloser Liebe und vollkommener Freude geboren. Keine menschliche Tätigkeit ist vollständig befriedigend, die nicht diese bleibenden Bedürfnisse mitberücksichtigt.

8. Ein grundlegender Sinn der Ehe liegt in der Möglichkeit zu Selbsterkenntnis und Selbstverständnis.

KAPITEL 4

«Du verstehst mich einfach nicht»

Die Überschrift dieses Kapitels stammt von einem Buch von Deborah Tannen über den Unterschied von Männern und Frauen.

Viele Menschen bestehen heutzutage darauf, daß diese Unterschiede nur biologisch sind und daß es unsere Konditionierungen aus der frühen Kindheit sind, die die verschiedenen Verhaltensmuster erzeugt haben.

Glauben Sie das wirklich? Ich bestreite nicht, daß wir auf einer tiefen Ebene unseres Seins – sagen wir einfach als Seelen – eins sind, und daher nicht voneinander verschieden. Noch würde ich bestreiten, daß unsere Erziehung und die Erwartungen der Gesellschaft an uns unser Verhalten bestimmen. Aber die allgemeine Erfahrung zeigt uns, daß es mit Sicherheit angeborene Unterschiede gibt. Jungen und Mädchen verhalten sich als Kleinkind verschieden. Etwas anderes zu behaupten wäre der Versuch, die Realität in die Kiste einer intellektuellen Theorie zu pferchen, wie Menschen es tun, die ihre Überzeugungen darauf gründen, wie ihrer Meinung nach die Dinge sein *sollten*, und nicht darauf, was *ist*.

Dr. Spock, der bekannte Kinderarzt, berichtete, daß, wann immer er sich mit dem Spiegel an seiner Stirn nach vorne beugte, um weibliche Babys zu untersuchen, die freudig daraufblickten und die sich im Glas reflektierenden Bilder genossen. Männliche Babys griffen danach, als wenn sie herausfinden wollten, was es ist und wie es funktioniere.

An dieser Stelle werden einige der Leserinnen vielleicht protestieren, «Aber ich erforsche auch Dinge und will herausfinden,

wie sie funktionieren! Ich erfreue mich nicht nur an ihrer Schönheit». Nun, wenn dem so ist, sollte ich vielleicht auch, als Mann, mit dem gleichen Nachdruck protestieren, «Aber ich liebe auch Schönheit. Ich will nicht nur herausfinden, wie Dinge funktionieren». Tatsächlich gehört der Spiegel – genau wie im Beispiel mit Dr. Spock – auf der Frisierkommode meiner Mutter zu meinen liebsten Kindheitserinnerungen. Er hatte eine abgeschrägte Kante und ich starrte, wie es mir heute scheint, für Stunden hinein und freute mich an den Regenbogenfarben, während ich mir vorstellte, in einem Land strahlenden Lichts zu leben. Das einzige Erbstück, das ich nach dem Tod meiner Mutter haben wollte, war dieser Spiegel. Meine Schwägerinnen waren erstaunt, aber respektierten dann meinen Wunsch. Und nun steht der Spiegel in meinem Schlafzimmer – ohne Verwendung, aber zu meiner anhaltenden Freude.

So – beide Frauen und Männer können sich über Dr. Spock aufregen, wenn sie wollen. Aber der gute Doktor (warum eigentlich scheint man gewöhnlich Doktoren immer als «gut» zu bezeichnen?) hat nur über eine persönliche Erfahrung berichtet, und über eine interessante. Ich beispielsweise bin gewillt, seine Schlußfolgerungen in Betracht zu ziehen. Ist meine Bereitschaft einfach der männliche Einfluß in meiner Natur?

Nein, Mädchen *müssen* sich selbst nicht auf die Liebe zur Schönheit beschränken; sie *müssen* nicht uninteressiert daran sein, wie Dinge funktionieren. Sie *müssen* nicht irgendetwas sein, was sie nicht sein wollen. Tatsächlich kenne ich Frauen, die ohne irgendwie unweiblich zu sein, sehr gute Mechanikerinnen sind. Für mich dagegen ist ein Auto ein magisches Totem. Ich starte den Motor, indem ich den Schlüssel drehe. Wenn es ihm gefällt, springt er an und mir steht es frei, meine Reise zu beginnen. Wenn er nicht will, ist die einzige Sache, die mir einfällt, auszusteigen und gegen den Reifen zu treten – oder, wenn ein Telefon in der Nähe ist (ich habe auch ein wenig eine Phobie vor Telefonen), rufe ich die Pannenhilfe.

Mein Interesse daran, wie Dinge funktionieren, findet seinen Ausdruck mehr in der lebenslangen Faszination, die die Kompliziertheit des Lebens und die menschliche Natur in mir hervorrufen: warum Menschen so sind, wie sie sind; warum sie die Dinge tun, die sie tun, und wie man ihnen helfen kann, wirkliches Glück in ihrem Leben zu finden.

Wir sind alle verschieden, und die Welt ist noch viel reicher durch unsere Verschiedenheit. Nichtsdestoweniger *gibt* es Einflüsse in unserem Leben, und das Geschlecht ist unleugbar einer davon. Wenn wir uns entscheiden, können wir uns über alle Einflüsse erheben, einschließlich denen des Geschlechts. Aber nicht zuzugestehen, daß das Geschlecht, in das wir geboren werden, unsere Lebenseinstellung beeinflußt, gibt diesem Einfluß noch mehr Macht über uns – die Macht, die die Realität immer der Unwissenheit gegenüber ausübt.

Es ist wie in der Geschichte der drei Männer, die starben und sich in der Hölle wiederfanden. Sie waren gewissenhafte Kirchgänger gewesen und konnten nicht verstehen, warum sie am falschen Ort waren. Einer von ihnen, ein Katholik, meinte: «Ich muß die Messe an einem Sonntag verpaßt haben.» Der zweite, ein Baptist, meinte: «Vielleicht bin ich bei der Taufe nicht ganz untergetaucht.» Dann wendeten sie sich dem dritten zu, einem Anhänger der Christlichen Wissenschaft, und fragten ihn: «Wie kommt es, daß Du hier bist?»

«Oh», antwortete er, «bin ich doch gar nicht!»

Im Fall dieser Männer spielt Selbsterkenntnis keine Rolle, denn sie hängen ohnehin an diesem Ort fest. Aber wie ist es mit Menschen, für die es eine Möglichkeit gibt, ihre Situation zu verbessern? Zu sagen, «es gibt nichts zu verbessern», wird sie daran hindern, auch nur einen Versuch zu machen.

Viele Frauen identifizieren sich zu sehr mit ihrer Weiblichkeit, weil sie einfach nicht bemerken, daß sie sich selbst damit begrenzen. Und es gibt viele Männer, die aus demselben Grund nicht über ihr «Macho-Selbstbild» hinausschauen können.

Paramahansa Yogananda berichtete einmal die Geschichte einer Unterhaltung, die er mit einer Romanschriftstellerin hatte, die sich selbst ihrer Fähigkeit des verstandesmäßigen Denkens rühmte. Natürlich behindert eine Frau zu sein nicht den Verstand. Was diese Frau meinte war: «Ich gehe *nur* verstandesmäßig vor.»

Taktvoll unterließ es Yogananda, direkt darauf zu antworten. Stattdessen lenkte er die Unterhaltung behutsam auf eine andere Romanschriftstellerin. Sobald das neue Thema klar umrissen war, reagierte seine Gesprächspartnerin ganz energisch, indem sie ihre «Rivalin» abkanzelte.

«Gehen sie denn nicht ganz verstandesmäßig vor?» fragte Yogananda lächelnd. An diesem Punkt konnte die Frau nur noch mit ihm zusammen lachen und gab damit zu, daß sie sich verraten hatte.

Fühlen und Denken

Bei Männern, sagt Yogananda, ist das Denken im Vordergrund; die Gefühle sind versteckt. Bei Frauen ist das Fühlen im Vordergrund; das Denken ist versteckt. Diese Unterschiede deuten auf keinen Fall an, daß Männer keine so große *Fähigkeit* zu Gefühl haben oder Frauen keine so große *Fähigkeit* zum Denken. Ein besonderer Mann kann zu tieferen Gefühlen und größerer Liebe fähig sein, als die meisten Frauen; und eine besondere Frau kann zu klarerem Denken fähig sein, als die meisten Männer. Trotzdem verläßt sich jeder von ihnen *seiner eigenen Natur nach* lieber auf das Denken, wenn es ein Mann ist, und mehr auf das Fühlen, wenn es eine Frau ist.

Nur bei Heiligen finden wir diese beiden Eigenschaften in vollkommener Ausgeglichenheit. Yogananda war für seine Schüler ebenso Mutter wie Vater. Die Heilige Theresa von Avila wurde einmal von einem Stadtbediensteten, den sie aufsuchte,

um ihn bei einer Angelegenheit ihres Klosters um Hilfe zu bitten, beschrieben als, «keine Nonne, sondern ein bärtiger Mann!»

Wenn wir uns innerlich vervollkommnen, erreichen wir ein vollkommenes Gleichgewicht zwischen Denken und Fühlen, Wissen und Liebe. Männer werden freundlicher und leidenschaftlicher; Frauen werden vernünftiger und weniger emotional.

Denken ohne Gefühl verliert die Verbindung zur vereinigenden Kraft der Intuition. Hyperanalytisch zerteilt es endlos alles, was immer es auch untersucht, bis alles Leben darin zerstört ist.

Wenn das Fühlen andererseits nicht durch den Verstand geleitet wird, verfällt es dem Wirrwar der Emotionen.

Ruhiges Fühlen *ist* Intuition. Daher sind Frauen oft intuitiver als Männer. Wenn aber das Fühlen sehr bewegt ist oder aufgeregt, schafft es emotionale Wellen, die die geistige Vorstellung stören, und so verliert eine Person den Kontakt mit der objektiven Realität.

Es spielt keine Rolle, wie überzeugt eine Person von der Gültigkeit ihrer Wahrnehmungen ist, wenn sie durch Emotionen beherrscht sind, ist ihnen nicht zu trauen. Denken selbst wird durch Fühlen geleitet, aber von Emotionen *fehl*geleitet. Beispielsweise wird eine Person, die unter verschiedenen Stimmungen leidet, alle Gründe der Welt finden, um diese Stimmungen zu rechtfertigen.

Fühlen muß in einem Zustand der Besonnenheit gehalten werden. Denken muß von ruhigem Fühlen inspiriert werden. So können Liebe und Weisheit im Bewußtsein erblühen.

Alle menschlichen Wesen sehnen sich zumindest unterbewußt danach, diese innere Balance zwischen ihrer fühlenden und denkenden Natur zu erreichen. Ohne diesen Ausgleich finden sie keine Erfüllung.

Dies ist der tiefere Grund, warum Männer und Frauen instinktiv voneinander angezogen werden. Die Anziehung ist viel mehr als nur physisch: Sie entsteht aus dem Verlangen von je-

dem in sich die fühlende und denkende Natur ins Gleichgewicht zu bringen. Um so vollkommener diese innere Balance hergestellt ist, um so geringer ist das Bedürfnis, sie äußerlich zu bestätigen, in der körperlichen Vereinigung oder in der Ehe. Das Verlangen entwickelt sich dann zur Seelenvereinigung mit dem Göttlichen.

«Der Krieg der Geschlechter»

Lange bevor der Widerstreit der Geschlechter sich zu der heutigen Stufe der allgemeinen Bekanntheit entwickelt hat, sprachen die Menschen – mehr amüsiert als ärgerlich – über den «Kampf der Geschlechter». Heute hat sich dieser Kampf zu einem regelrechten Krieg ausgeweitet. Feministische Gruppen beschuldigen die Männer einseitig so vieler Verbrechen, daß diese immer noch unter ihren Schlägen taumeln. Mit der Zeit werden unvermeidlich die Männer, die sich verletzt fühlen, den Kampf wieder aufnehmen und Vergeltung üben. So ist die menschliche Natur.

Jesus Christus hat das treffend ausgedrückt, als er sagte, «Wer das Schwert erhebt, wird durch das Schwert umkommen». Um so größer die Welle des Egos auf der Oberfläche des Lebensmeeres, um so wahrscheinlicher wird sie gegen andere Wellen krachen, die sich in ihrer Selbsteinschätzung auch so erhöht haben. Für den Moment, stelle ich mir vor, wird die Vergeltung eher die Form von Gleichgültigkeit als die der Gegenanklage annehmen. Wenn es so ist, wird das in der Tat eine bittere Pille für die sein, die die Anklagen ärgerlich herauszuschreien pflegen.

Kürzlich las ich eine Schlagzeile auf der Titelseite eines Magazins: «Sind Männer wirklich so böse?» Und mein Gedanke war: «Wenn Feministinnen Männer *pauschal* anklagen, so ist das, als wenn die eine Seite einer Münze die andere beschuldigt, aus minderwertigem Metall zu sein.» Schließlich gehören wir alle zur gleichen Spezies.

Andere zu beschuldigen, noch mehr, wenn es im Zorn geschieht, ist ein fast sicheres Zeichen, daß die Fehler, die man an ihnen wahrnimmt, bereits in einem selbst vorhanden sind. Denn das Ego ist wie getöntes Glas: Es verfärbt alles, was der Geist sieht. Das wiederum ist eine einfache Tatsache der menschlichen Natur. Durch Zuneigung – mehr noch durch Einfühlungsvermögen, wie bei einer Saite, die mit anderen Klängen mitschwingt – kommt es zum Verstehen. Nur durch Güte und Großzügigkeit können wir wahre Einsichten in andere und unser eigenes Selbst erlangen.

Welcher Gewinn liegt darin, alles nur einseitig zu sehen? Was wollen Frauen erreichen, wenn sie versuchen, so männlich wie Männer zu sein? Es ist zwar noch nicht so, aber das Ganze kann sich leicht umkehren: Können Männer so gut darin sein, weiblich zu sein, wie Frauen es sind? Wenn auch beide Seiten ihren Standpunkt beweisen könnten, worin würde der Vorteil liegen? Gleichgewicht kann nicht erreicht werden, wenn eine Seite von *irgendetwas* abgelehnt wird, um ihr Gegenteil zu erlangen.

Vive La Difference

Was es braucht und was die Ehe den Menschen geben kann, ist *Wertschätzung* unter den Geschlechtern, nicht Krieg zwischen ihnen. Jedes von ihnen hat etwas zu geben, was das andere für ein gesundes Gleichgewicht braucht.

Individuen werden immer persönliche Eigenarten zeigen. In ihrer Ganzheit haben Menschen zweifellos die ganze Bandbreite menschlichen Potentials in sich. (Ich erinnere mich an einen Freund, der eine Frau, die er gerade getroffen hatte, mit den Worten kommentierte: «Sie hat genügend männliche Hormone für ein ganzes Footballteam!») Verschiedenheit ist ein Beitrag zum Formen- und Farbenreichtum des Lebens.

Wenn jemand trotzdem feststellt, «So *muß* eine Frau sein»,

oder, «So *muß* ein Mann sein», widersetzt er sich einfach der Realität und bürdet denen eine untragbare Last auf, die einfach nur sie selbst sein wollen.

Einmal bat ich eine Innendekorateurin um Hilfe bei der Auswahl von Stoffen für mein Wohnzimmer. Sie zeigte mir eine Kollektion von braunen und grauen.

«Warum haben sie diese Farben ausgewählt?» fragte ich sie.

«Nun, das sind männliche Farben.»

«Und warum», protestierte ich, «sollte ich mich auf männliche Farben beschränken? Zeigen sie mir Stoffe, die *schön* sind! Ich möchte lieber Farben die mehr ansprechen als meine Männlichkeit. Ich *bin* ein Mann; was soll ich sonst noch sagen? Ich hebe lieber mein *Menschsein* hervor.»

Um meinen früheren Standpunkt zu wiederholen, dies bedeutet nicht, daß es keine Unterschiede in den Neigungen gibt. Beispielsweise mögen Frauen allgemein Spitzen und kleine Gegenstände; Männer bevorzugen im allgemeinen eher eine spartanische Linie und weniger Verzierungen. Das bedeutet nicht, daß das eine besser als das andere ist oder sogar schöner. Guter Geschmack ist in diesen Dingen völlig subjektiv; vielleicht hängt es einfach vom hormonellen Unterschied ab.

Frauen haben eine Neigung, Sanftes zu mögen, das an zarte Gefühle erinnert. Männer haben die Neigung, klare, geschwungene Linien vorzuziehen, die an Kühnheit und Mut erinnern.

Frauen haben eine Vorliebe für kleine Objets d'art, vielleicht weil es der weiblichen Natur entspricht, die Einzelheiten einer Situation zu beobachten und sich darauf zu konzentrieren. Männer ziehen Räume vor, die sie selbst als «unverstellt» bezeichnen würden, vielleicht weil die männliche Natur mehr dazu neigt, sich einen Überblick zu verschaffen.

Wer kann sagen, was besser ist? Ausgewogenheit ist nötig für eine vollständige Einsicht in jede Situation.

Die meisten Frauen wiederum finden nichts an dem Gedanken, sich ihren Weg auf der Karriereleiter zu erkämpfen. Debo-

rah Tannen schreibt in ihrem Buch *Du verstehst mich einfach nicht*, daß Frauen im allgemeinen mehr daran interessiert sind, sich mit anderen zu verbünden. Ihre daraus folgende Feststellung aber wurde so mißverstanden, daß Männer im Gegensatz dazu egoistisch, unbarmherzig und wetteifernd seien. Vorausgesetzt, daß viele Männer durch Wettbewerb *motiviert werden*, erliegen Frauen oft dem Irrtum, den Drang nach Leistung (der oft einfach die Suche nach Vollkommenheit ist) mit dem Ego und einen Mangel an diesem Drang mit dem Fehlen des Ego gleichzusetzen. Zudem noch zu behaupten, Frauen fehle dieser Wettbewerbsinstinkt, ist wider besseres Wissen.

Weder Wettstreit noch Solidarität kann die wahrlich großen Leistungen der menschlichen Rasse erklären: die großen Entdeckungen der Wissenschaft, die großen Kunstwerke, die heroischen Taten der Selbstverleugnung und Selbstopferung.

Das Ego, das als ein Makel angesehen wird (eher als eine «Aufstiegshilfe» für die Menschheit auf der Leiter der Evolution), ist einfach übertriebene Selbstversunkenheit; das Ego ist menschliche Realität und bei keinem Geschlecht mehr ausgebildet als beim anderen. Es zeigt sich bloß verschieden bei unterschiedlichen Individuen. Zurückhaltung oder Unsicherheit (typisch weibliche Schwächen) können genauso Ausdruck einer übersteigerten Selbsteinschätzung sein wie Aggressivität oder Vermessenheit (typisch männliche Fehler).

Unsicherheit saugt die Energie wie ein Schwamm auf; nur wenig Energie wird frei. Vermessenheit, andererseits, preßt alle lebensspendende Energie aus dem Schwamm und läßt alles, was sie bewerkstelligt, trocken und leblos werden.

Typisch weibliche Erscheinungsformen des Egos werden überwunden durch das Nähren anderer. Typisch männliche Erscheinungsformen werden durch Kreativität im Denken und Handeln überwunden, mit einem wachsenden Bewußtsein dafür, daß die wahre Quelle kreativer Inspiration nicht im Ego, sondern in der Wahrheit selbst liegt.

Die Unterdrückung des aufs Nähren gerichteten Instinkts führt zu einer Trockenheit des Herzens und einem tiefen Gefühl der Unerfülltheit. Die Unterdrückung des Bedürfnisses nach Kreativität führt zum zernagenden Gefühl der Frustration.

Einerseits wird das Gleichgewicht erreicht, indem man andere in der Weise nährt, daß sie nicht aufgrund des Genährtwerdens von einem abhängig werden, sondern indem man sie in sich selbst vollständig und unabhängig werden läßt. Andererseits wird das Gleichgewicht erreicht, indem man durch seine kreative Energie und Gedanken allen Inspiration und Nahrung bietet.

Ich denke, es ist Zeit die fruchtlose Debatte über die relativen *Verdienste* von Männern und Frauen zu beenden und wahrzunehmen, daß die vorzüglichen Eigenschaften, die beide Geschlechter zeigen, gleichermaßen notwendig sind, um den Menschen vollständig zu machen.

Welche Seite der Münze ist *besser* als die andere? Ohne beide Seiten gibt es keine Münze! Es gibt ein Bedürfnis in der menschlichen Natur nach Eroberung und Leistung. Und es gibt ebenso ein Bedürfnis, Energien nach außen zu tragen, die nähren und heilen.

Frauen in der heutigen Welt

Vorausgesetzt es ist bei der heutigen Wirschaftslage für Ehemann und -frau nötig zu arbeiten, wie entwickeln sich die Dinge, wenn der Wohlstand wächst und ein höheres Einkommen keine dringende Notwendigkeit mehr ist? Es ist sicherlich gut in einer Ehe, wenn ein Partner sich darauf konzentriert, für einen gewissen Wohlstand des Heims zu sorgen, während der andere sich dem *Schaffen* eines Heimes widmet – ich meine nicht ein Haus, wo sich bloß zwei Mitbewohner zum Abendessen und Schlafen treffen. Es gibt ein Bedürfnis, die nach außen strömende Energie durch eine innere Regeneration von Energie auszu-

gleichen. Wie die Gezeiten sich senken und heben, so tut es auch die Energie. Die menschliche Natur kann nicht für lange erfüllt sein, wenn sie nur in eine Richtung fließt.

Aber was ist dann mit den Frauen in der Geschäftswelt, in der Politik und in öffentlichen Positionen aller Art? Sind sie Fehl am Platz? Ist der Platz für Frauen, wie viele (einschließlich nicht weniger Frauen) darauf bestehen, daheim? Wäre ich eine Frau, wäre ich auf der Seite der Feministinnen und würde so freundlich, wie ich könnte, antworten: «Sag' mir niemand, wie ich mein Leben zu leben habe!» Ich wähle meine Tätigkeit aus meinem Inneren heraus und nicht danach, was andere – und sei es noch so gut gemeint – mir raten, daß ich tun sollte.

Ich glaube hier sind größere Kräfte am Werk, als die meisten Menschen wahrnehmen. Frauen kommen auf allen Gebieten aus Gründen in die Öffentlichkeit, die weniger mit ihren individuellen Wünschen zu tun haben, als mit den Notwendigkeiten der menschlichen Rasse als ganzer. Diese Entwicklung hat nicht so sehr mit ihrer eigenen Erfüllung zu tun, als mit der allgemeinen Notwendigkeit hin zur Balance. Die Lebenskraft in uns treibt die menschliche Rasse in Richtung Gleichgewicht.

Die Frauen heute (wiederum sehr allgemein gesagt) fühlen einen inneren Antrieb bei der Herstellung des Gleichgewichts zu helfen. Ihre aktive Teilnahme am Geschäftsleben, der Politik und öffentlichen Ämtern ist lebensnotwendig und hat sich als äußerst wohltuend erwiesen.

In der Geschäftswelt gibt es die Notwendigkeit den Eigenschaften des Herzens Ausdruck zu verleihen – Sorge für andere, Unterstützung für die Mitarbeiter, Rücksicht auf die Kunden und allgemein das Sozialwesen.

In der Politik gibt es eine dringende Notwendigkeit für wirkliche (nicht vorgetäuschte) Zusammenarbeit: für einen Geist, der nicht dem Drang zur Macht entspringt, sondern für wirkliche Sorge um und Solidarität für die Menschheit als ganzer.

Die Gegenwart von Frauen in Wirtschaft, Politik und öffent-

lichen Angelegenheiten im allgemeinen ist auch nötig, um die weibliche Kompetenz auf den Gebieten zu demonstrieren, in denen seit Jahrhunderten Männer das Monopol hielten.

Es ist nicht ganz fair von Frauen, Anschuldigungen wie «männlicher Chauvinismus» gegen die Männer zu erheben, die in der Vergangenheit ihre Kompetenz in diesen Gebieten angezweifelt haben. Tatsache ist, daß, wenn eine Fähigkeit nicht gezeigt wird, ihr Fehlen allgemein angenommen wird. Frauen machen die gleichen Annahmen über Männer, aus den gleichen Gründen. (Haben Sie niemals das herablassende Kichern einer Frau gehört, wenn ein Mann Nadel und Faden nimmt, um einen Knopf anzunähen?)

Was die Familie betrifft hat die Geschichte die Angelegenheiten derart geregelt, daß der Mann im allgemeinen der Brotverdiener war und die Frau die Heimarbeit besorgt hat. Wirtschaftliche Notwendigkeiten haben oft beide zur Lohnarbeit gezwungen. Sowie diese Notwendigkeit abnimmt, wie auch immer, scheint die Tendenz sich zu verstärken, wieder zur traditionellen Teilung der Verantwortungsbereiche zurückkehren zu wollen. Wenn es in der Zukunft völlig anders sein sollte, nun ja, es wird interessant sein zu sehen, wie diese Veränderung zustandekommen wird.

Eine Veränderung wird unbedingt nötig sein: Frauen werden, allgemein gesprochen, eine größere Erfüllung beim Schaffen eines harmonischen Heimes finden müssen als in der Schlacht auf dem Marktplatz. Intelligente Frauen, besonders gut ausgebildete, können jedoch kaum lange durch die tägliche Schonkost der Kleinkindgespräche befriedigt werden. Sie wollen Herausforderungen für ihr Bewußtsein und ihren Geist. Sie wollen die Möglichkeit, ihre fühlenden Naturen zu entwickeln, ihre Intuition, ihren Instinkt, nicht nur mit Milch zu nähren, sondern mit heilsamer, sogar befreiender Energie und mit tiefreichender Intuition. Ich denke, es ist kein Unfall der Natur, daß die Brust einer Frau, ganz anders als bei den Weibchen der tieferen Spezies,

sich in der Herzgegend befindet, von wo (aus dem neuralen Zentrum der Wirbelsäule gegenüber dem Herzen) Gefühle von Güte, Mitgefühl und Liebe ausgehen.

Frauen als moralische Baumeister des Bewußtseins

Frauen können jetzt helfen, einer Notwendigkeit zu begegnen, die nun in ihrem vollen Umfang erkannt werden muß: Die *Qualität* des Lebens auf diesem Planeten zu verbessern – über die engen Begrenzungen des Heims und der Familie hinauszublicken und andere Menschen anzuregen, die ganze Welt als ihr Heim und die ganze menschliche Rasse als ihre Familie zu betrachten.

Es ist zuerst die Frau – wiederum allgemein gesprochen; es gibt keinen anderen Weg, von diesen Dingen zu reden – die von der Natur immer dazu ausersehen war und es vielleicht immer sein wird, die menschliche Rasse moralisch zu erheben, indem sie die Menschheit an ihr höchstes Potential erinnert. Ohne diesen Beitrag, aus welcher Quelle er auch immer stammt, wird die menschliche Rasse nicht mehr lange «die vornehmste unter den Tieren» bleiben. Aus diesem Grund warnt die Hindu-Schrift *Bhagavad Gita* davor, daß die Gesellschaft untergeht, wenn die Frauen ihr Gefühl für Werte verlieren.

Es ist bedauerlich, daß so viele Frauen das Gefühl haben, sie müßten sich benehmen wie Männer, um in nach außen gerichteten Aufgaben Erfolg zu haben. ... Nun ja, warum sich darüber grämen oder übermäßig besorgt sein? Das Leben selbst – die große Waage – wird die Frauen zweifellos in ihrem eigenen Zeitmaß dazu anregen, wiedereinmal ihre spezielle Aufgabe zu erkennen.

Der grundlegende Punkt dieses Kapitels ist der: Fühlen und Denken sind beide gleichermaßen wichtig. Frauen und Männer

müssen daher lernen, in Harmonie zusammenzuleben, mit einer immer tiefer werdenden Wertschätzung für die positiven Eigenschaften im jeweils anderen, die die eigenen vollständig machen. Nur durch gegenseitigen Respekt und Wertschätzung kann Ehe zu einer wahren Freude werden. Und nur durch gegenseitigen Respekt und Wertschätzung kann die Ehe beiden Partnern die Möglichkeit zu gemeinsamem Wachstum geben, worin ihr höchstes Potential liegt.

Verheiratete Paare tun gut daran, ihre Ehe vom Gesichtspunkt der Selbsterweiterung aus zu betrachten. Es ist Zeit, daß die Menschen aufhören, altmodischen gesellschaftlichen Definitionen der Ehe nachzuhängen. Wie der Bildhauer beim Elefanten im letzten Kapitel sollten Paare alles von ihren Vorstellungen der Ehe wegmeißeln, was sich nicht mit ihrem Trachten nach Höherem vereinbaren läßt.

Die mit einem Hang zum Romantischen sollten die Ehe nicht als einen Schlußstein sehen, sondern als eine *Richtung.* Paare sollten erkennen, daß der tiefere Sinn ihrer Vereinigung die von ihr eröffnete Möglichkeit zu einer Entwicklung hin auf das höhere Ziel der *vollkommenen* Vereinigung ist, ein Ziel, das im wesentlichen für die ganze Menschheit gleich ist: Die Vereinigung mit Gott.

Punkte, die man sich merken sollte

1. Wir sind alle verschieden und das macht die Welt so reich.

2. Bei Männern steht das Denken im Vordergrund; das Fühlen wird verborgen gehalten. Bei Frauen ist das Fühlen im Vordergrund; das Denken wird verborgen gehalten.

3. Während wir uns innerlich vervollkommnen, erreichen wir eine vollständige Balance zwischen Denken und Fühlen und

zwischen Weisheit und Liebe. Männer werden gütiger und hingebungsvoller; Frauen werden vernünftiger und weniger emotional.

4. Fühlen muß in einem Zustand der Besonnenheit gehalten werden. Denken muß durch ruhiges Fühlen inspiriert werden. Das läßt Liebe und Weisheit gemeinsam im menschlichen Bewußtsein erblühen.

5. Die Erkenntnis der Notwendigkeit, Fühlen und Denken ins Gleichgewicht zu bringen, ist der tiefere Grund für die instinktive gegenseitige Anziehung von Mann und Frau.

6. Andere, besonders im Ärger, anzuklagen ist ein fast sicheres Zeichen dafür, daß die bei ihnen wahrgenommenen Fehler schon in einem selbst vorhanden sind. Das Ego ist getöntes Glas, das alles, was der Geist sieht, verfärbt.

7. Nur durch Güte und einen großzügigen Geist können wir wahre Einsichten in andere Menschen und in uns selbst gewinnen.

8. Was es braucht und was die Ehe den Menschen geben kann, ist Wertschätzung, nicht Krieg, zwischen den Geschlechtern.

9. Typisch weibliche Erscheinungsformen des Ego werden durch das Nähren von anderen überwunden. Typisch männliche Erscheinungsformen werden durch Kreativität überwunden.

10. Warum Frauen auf allen Gebieten in die Öffentlichkeit treten, hat weniger seine Gründe in ihrem individuellen Verlangen als in der Notwendigkeit für die menschliche Rasse als ganzer.

11. Frauen können jetzt helfen ein Bedürfnis zu erfüllen, das nun vollständig erkannt werden muß – die Verbesserung der *Qualität* des Lebens auf diesem Planeten.

12. Verheiratete Paare tun gut daran, die Ehe vom Gesichtspunkt der Selbsterweiterung her zu sehen.

13. Paare sollten erkennen, daß der tiefere Sinn hinter ihrer Vereinigung die ihnen dadurch gegebene Möglichkeit zur Entwicklung auf das höhere Ziel der spirituellen Vereinigung ist.

KAPITEL 5

Intuition

Vor einigen Jahren parkte ich meinen Wagen auf einer Straße in Florenz – falsch, wie sich herausstellen sollte. Als ich zum Auto zurückkam, fand ich einen Brief der Polizei an meiner Windschutzscheibe.

«*Egregio Signore*», begann er.

«*Egregio*?», dachte ich. Egregious, in Englisch, bedeutet «unerhört, ungeheuerlich». Unmöglich, daß sie zu der ungerechtfertigten Buße auch noch eine Beschimpfung hinzufügten! Der Gedanke, daß die Polizei mich niemals erwischen würde, beruhigte mich augenblicklich: Ich hatte den Wagen in Österreich gemietet. Meine Zuversicht wuchs bei der Überlegung, daß mit aller Wahrscheinlichkeit Italien wegen einer Parkbuße kein Auslieferungsbegehren stellen würde.

Die Florentiner Polizei war offensichtlich zu dem gleichen Schluß gekommen, da der Umschlag nur ihren Brief enthielt.

So, und dann wollten sie sich also bei mir mit dem «Egregio» rächen?

Ich blätterte in meinem Italienisch-Englisch Wörterbuch und fand, daß «Egregio» eine höfliche Anrede ist, die einfach «vortrefflich» bedeutet. Sie nannten mich also nur «Sehr verehrter Herr».

Sprachliche Verwandte dieser Art haben oft die gleiche Wurzel aber gegensätzliche Bedeutungen. «Egregio» und «egregious» haben beide ihren Ursprung im Lateinischen «ex gregius» – «aus der Herde heraus». Ursprünglich hatte «egregious» im Englischen auch die Bedeutung von «vortrefflich». Aber die Sprache

entwickelt sich. Ich stelle mir vor, daß sich mit der Zeit die Bedeutung in «verschieden» veränderte, und dann sich nur ein wenig zu der heutigen Bedeutung «unerhört» verschoben hat. Wenn in der Sprache sich Bedeutungen verändern, scheinen sie sich im allgemeinen zu verschlimmern.

«Aus der Herde heraus». Es scheint eine Neigung in der menschlichen Natur zu *sein*, die, die von der allgemeinen Norm abweichen, für schlimmer und nicht für besser als andere Menschen zu halten.

Zurück zum Thema dieses Buches: Männer haben Frauen lange aus keinem anderen Grund herabgesetzt, als dem, daß sie einfach keine Männer sind. Und auch Frauen haben lange alles, was Männer sagen oder tun, mit dem bloßen Ausruf «Männer!» abgetan.

Männer: «Pah – Frau am Steuer!»

Frauen: «Pah – Männer – wie Tiere!»

Männer: «Pah – weibliche Intuition!»

Frauen: «Pah – Chauvi!»

Während eines anderen Aufenthaltes in Italien fuhr ich mit einem Auto durch Rom, das ich in Neapel gekauft hatte. «Napoli» wie es die Italiener nennen. Auf dem Nummernschild waren die Buchstaben «NA» für Napoli. Während des Feierabendverkehrs sah hinter mir ein anderer Fahrer, der überzeugt war, ich würde ihm absichtlich den Weg versperren, mein Nummernschild und beschimpfte mich mit «Napoli». Für ihn war diese Beschimpfung völlig ausreichend.

Natürlich in Napoli auch und in jeder anderen italienischen Stadt werden ähnliche Beinamen gebraucht, um Menschen, die nicht aus der eigenen Stadt sind, zu brandmarken. In Italien reicht es aus, wenn jemand von woanders herkommt, um als Sonderling bezeichnet zu werden. Das erste Mal, daß alle Italiener sich im Geist mehr als Italiener sahen und nicht als Römer, Florentiner, Napolitaner, war als Italien die Fußballweltmeisterschaft gewann.

Ich hoffe, ich habe nicht zu lange gebraucht, um zum wirklichen Thema dieses Kapitel zu kommen. Ein wenig Humor kann sicherlich nicht schaden. Vor allem, wenn das Thema etwas betrifft, das die Menschen heute so verbissen ernst nehmen, daß man fast nicht darüber zu sprechen wagt, um sich ja nicht versehentlich gegen eine heikle Empfindsamkeit zu vergehen oder das Verbrechen der politischen Taktlosigkeit zu begehen.

Die Franzosen haben den Ausspruch, «Vive la difference!». Wir sollten dankbar sein für die Myriaden von Unterschieden in der menschlichen Natur. Wenn es sie nicht gäbe – wenn beispielsweise alle im Chor Tenöre wären –, wie uninteressant wären dann die Harmonien im Leben.

Das Bedürfnis nach Verschiedenheit ist besonders wahr in bezug auf die Unterschiedlichkeit von Mann und Frau. Würden diese Unterschiede irgendwie aufgehoben, die menschliche Natur wäre so schmackhaft wie verwelkter Kopfsalat.

Betrachten wir diesen oft gehörten Ausdruck männlicher Verachtung: «Ach was – weibliche Intuition!» Frauen *sind* tatsächlich oft intuitiv. Männer sind es ebenso, wenn auch auf eine andere Art.

Die Intuition der Frauen findet meistens durch die Einsicht in Menschen ihren Ausdruck. Eine Frau kann zum Beispiel ihren Mann warnen: «Diese Person, die du einstellen willst, ist keine gute Wahl.»

«Warum denkst du, daß es so ist?» fragt der Mann. «Du hast ihn nur einmal getroffen und kaum drei Sätze mit ihm gewechselt!»

«Unsere Unterhaltung hat nichts damit zu tun», entgegnet sie. «Es ist ein inneres Gefühl.»

«Gefühl!» erwidert der Mann ungeduldig, «kannst du dich nicht *verständlich* ausdrücken?»

Und so übergeht der Mann ihren Ratschlag. Ein Jahr später macht sich der neue Angestellte mit dem halben Fimenvermögen heimlich aus dem Staub.

Weibliche Intuition. Wenn sie funktioniert, funktioniert sie wirklich. *Wie* funktioniert sie? Fragen Sie lieber, wie Intuition überhaupt funktioniert, nicht nur die weibliche.

Kurz, sie funktioniert, weil wir alle, wie ich schon in einem früheren Kapitel bemerkt habe, Teil einer größeren Wirklichkeit sind. Wir sind nur in dem Maße von ihr getrennt, in dem wir uns selbst geistig auf Abstand halten. Der Grund für diesen Abstand ist unser Ego-Bewußtsein. Wenn dieses Ego-Bewußtsein kleiner wird und sich damit egobedingte Wünsche und Begierden reduzieren, wird eine Loslösung von der sinnlichen Wahrnehmung erreicht. Daraus folgt Ruhe. Das Ergebnis dieser Ruhe ist ein zuerst nur flüchtiger Ausblick auf den Fluß der Dinge in dem großen Strom des Lebens überall um uns herum.

Dann können wir eine sehr feine Verbindung zu anderen Menschen und tatsächlichen Geschehnissen verspüren. Und wir können, ohne jeden Zweifel die Wahrheit der Dinge jenseits unseres sinnlichen Gesichtskreises *wissen*. Wir können die tieferen Beweggründe von anderen verstehen und die richtige Richtung für unsere zukünftigen Handlungen.

Intuition entwickeln

Weil Denken analytisch ist, trennt es uns. Denken fragt: «Wie unterscheidet sich *dieses von jenem*?» In diesem analytischen Prozeß schneidet es sich selbst von der dem Leben zugrundeliegenden Einheit ab.

Fühlen, auf der anderen Seite, dehnt sich instinktiv aus, um das Leben in sich aufzunehmen. Fühlen ist daher der zugrundeliegenden Einheit aller Dinge bewußter. Daher sind Frauen öfter intuitiver als Männer.

Jedoch können auch Männer intuitiv sein. Was sie für Inspiration und Führung tun müssen ist, ihr Denken auf das Vermögen des Fühlens zurückzuführen. Ich sage zurückführen, weil

bei dem Versuch zu verstehen der natürliche Fluß der Energie *aufwärts* gerichtet ist, vom Herz zum Kopf. Von dort muß die Energie wiederum zurück zum Herz fließen – für die Rücksprache, wie es war – und dann wiederum von dort nach oben fließen. So kommt ein Kreis zustande, der Stück für Stück beides, Emotionen und Denken, in reines Fühlen und klare Geisteskraft umwandelt. Das Ergebnis dieser Umwandlung ist Intuition.

Die letzte Bewegung des intuitiven Flusses ist aufwärts, durch die geistige «Türe» der Stirn und hinaus in die Einheit des Geistes. So wird die äußere Ehe schließlich zu innerem Bewußtsein vervollkommnet, indem sie zur Ehe der individuellen Seele mit ihrem ewigen Ursprung wird.

Die Intuition der Männer funktioniert normalerweise bei ihrer Arbeit besser. Ein Freund von mir war Besitzer einen großen Weihnachtskartendruckerei in Detroit. Er schrieb seinen außergewöhnlichen Erfolg einer unglaublichen Fähigkeit zu, schon im voraus zu wissen, welche Art von Karten die Menschen kaufen würden und welche nicht. (Amüsanterweise war mein Freund Jude.)

Jenseits von Logik und Emotion

Männer behaupten oft, nachdem sie zu einer bestimmten erfolgreichen Einsicht gekommen sind, daß sie sie durch einen sorgfältigen Prozeß von Schlußfolgerungen erlangt hätten. Sie sind im Irrtum. Bei wirklich kreativem Denken gibt es immer einen Augenblick in dem der Verstand eine Pause macht, um dann einen plötzlichen Sprung zu machen und scheinbar auf unlogische Weise zur richtigen Schlußfolgerung zu kommen. Man *weiß* einfach die richtige Antwort. Nichts was von der Seite des Denkens noch kommen mag kann die Sicherheit des Verstandes erschüttern. Man mag später versuchen, logisch zu erklären, wie er zu

dieser Antwort gekommen ist, aber Tatsache ist, daß Logik ihn noch in zahlreiche andere Richtungen hätte führen können. Keine bloß logische Schlußfolgerung hätte ihm die ruhige Gewißheit geben können, die er jetzt fühlt. Er denkt es nicht nur: er *weiß* es. Und er weiß es, weil er es *fühlt*.

In solchen Fällen ist ein Vermögen jenseits der Logik am Werk: die Intuition.

Frauen halten oft Gefühle, die einfach aus ihren Emotionen stammen oder aus ihren Vorlieben oder Abneigungen, für Intuition. Es ist nicht einfach zwischen Emotionen und ruhigen, intuitiven Gefühlen zu unterscheiden. Aber weil die Emotionen ständig in Bewegung sind, können sie nie ein klares Spiegelbild der sie umgebenden Realität bieten, so wenig wie die gekräuselte Oberfläche eines Sees das Licht des Mondes klar reflektiert. Nur innere Ruhe kann diese ruhige Gewißheit bieten, die das Gütezeichen der Intuition ist.

Das *Wissen* der Intuition übersteigt beides, Denken und Emotion: Es ist die Vervollkommnung beider. Diese höhere Stufe von Verstehen erreichen Menschen durch die Hochzeit von Fühlen und Denken. Intuition stellt sich ein, wenn die Emotionen ruhig sind und der Geist jenseits der Strömungen des Denkens in den Zustand der Ruhe gelangt, vollkommen ausgerichtet.

Fühlen ist die andauernde Realität neben den Strömungen der Emotionen. Ähnlich ist Geist die andauernde Realität neben den Analysen des Denkens. Geistiges, *fühlendes* Bewußtsein ist Seelenbewußtsein. Es ist Weisheit.

Es ist wichtig für Männer und Frauen sich gegenseitig ruhig zuzuhören – für Männer, auf die Stimme des ruhigen Fühlens in Frauen zu hören, und für Frauen, auf die Stimme der Besonnenheit in Männern zu hören. Denn bei der Entdeckung der Intuition in sich selbst – dieser tieferen Kraft des Wissens – ist eine vollkommene Ehe den Menschen behilflich.

Im Individuum muß das Fühlen des Herzens aufwärts zum

Gehirn gelenkt werden. Der Geist im Gehirn muß sich für die Intuition zurück auf das Herz beziehen. Dies erschafft stufenweise einen Kreislauf, der wie ein Magnet erweiterte Wahrnehmungen anzieht, die dem Bewußtsein die Einheit allen Lebens offenbaren.

Wenn ein Paar ein tieferes Verständnis entwickeln will, sollte die Frau ihre Gefühle der Untersuchung durch die abstrakte Logik ihres Mannes zur Verfügung stellen. Und der Mann sollte es zulassen, daß ihre Intuition sein Denken leitet. Wenn beide Partner sich der Wahrheit verschrieben haben, werden sie zusammen eine wunderbare Harmonie entwickeln und eine sich immer mehr erweiternde Vorstellung vom Leben.

Hierin liegt die tiefere Bedeutung des Buchtitels. Denn Ehe kann nur zur Selbstverwirklichung im vollen Sinn des Wortes führen, wenn Paare ihre gemeinsame Wahrnehmungsfähigkeit einsetzten, um intuitiv der Wahrheit entgegenzustreben.

Punkte, die man sich merken sollte

1. Intuition funktioniert, weil wir alle einer größeren Wirklichkeit angehören. Wenn unsere ichbezogenen Wünsche und Begierden schwächer werden, stellt sich Ruhe ein, die uns oft einen flüchtigen Blick auf den Fluß der Dinge im Strom des Lebens um uns herum ermöglicht.

2. Denken ist analytisch; es trennt. Denken fragt: «Wie unterscheidet sich *dieses von jenem*?» Im Gegensatz dazu strebt Fühlen intuitiv danach, das Leben in sich aufzunehmen.

3. Weil Frauen sich mehr am Fühlen orientieren, sind sie öfter intuitiv als Männer.

4. Auch Männer können intuitiv sein. Sie müssen sich dazu auf

die Befähigung zu Inspiration und Führung durch das Fühlen besinnen.

5. Beim kreativen Denken gibt es einen Moment in dem der Geist anhält und dann einen plötzlichen Sprung macht, um scheinbar «unlogisch» zur richtigen Schlußfolgerung zu kommen. Man *weiß* die Antwort einfach.

6. Das *Wissen* der Intuition geht über Denken und Emotionen hinaus. Es ist die Vervollkommnung von beiden.

7. Geistiges, *fühlendes* Bewußtsein ist Seelenbewußtsein. Es ist Weisheit.

8. Es ist wichtig für Frauen und Männer, sich ruhig zuzuhören; für Männer, auf die Stimme des ruhigen Fühlens in Frauen zu hören; für Frauen, auf die Stimme der Besonnenheit in Männern zu hören.

9. Bei der Entdeckung der Intuition in sich selbst – dieser tiefe-ren Kraft des Wissens – ist eine vollkommene Ehe den Menschen behilflich.

10. Wenn ein Paar ein tieferes Verständnis entwickeln will, sollte die Frau ihre Gefühle der Prüfung durch die abstrakte Logik ihres Mannes anvertrauen. Und der Mann sollte es zulassen, daß ihre Intuition sein Denken leitet.

KAPITEL 6

Zusammenwachsen

Meine Eltern hatten eine ungewöhnlich harmonische Beziehung. Ich kann mich nicht daran erinnern, daß sie jemals stritten. Ein Freund fragte einmal meinen Vater nach dem Geheimnis ihres gemeinsamen Glücks.

«Nach der Hochzeit», antwortete mein Vater mit dem seltenen Humor, an den ich mich so gut erinnere, «habe ich meiner Frau gesagt, daß ich alle wichtigen Entscheidungen in unserer Ehe treffe». Er machte eine kleine dramatische Pause und fügte dann lächelnd hinzu: «Seit damals gab es keine wichtigen Entscheidungen mehr.»

Seine Antwort war natürlich humorvoll gemeint, aber sie zeigt auch einen wichtigen Punkt. Es ist wohl überflüssig zu sagen, daß meine Eltern einige Entscheidungen gemeinsam zu fällen hatten – einige davon waren sehr schwerwiegend. Niemals hatte aber eine Entscheidung Vorrang vor ihrer dauernden gegenseitigen Verbindung.

Wie oft in der Ehe – wie oft tatsächlich in allen menschlichen Beziehungen – nehmen wir die menschliche Seite als selbstverständlich, während wir uns auf ein dringendes Projekt oder eine Situation konzentrieren. Paare haben sogar Streitgespräche darüber, wie sie ihre Beziehung am ehesten verbessern können!

Einer guter Leitspruch in der Ehe und auch in anderen Beziehungen ist der, den ich in verschiedenen leitenden Positionen angewendet habe: Menschen sind wichtiger als Dinge.

Die Umstände ändern sich, aber unsere tieferen Verbindungen bleiben bestehen. Sie sind unsere fortdauernde Wirklichkeit.

Außenstehende kommen und gehen, aber die, die uns nahestehen, bleiben – auch wenn wir tatsächlich dem Beispiel so vieler folgen, sie als viel zu selbstverständlich anzunehmen, während wir Außenstehende königlich behandeln. So kommt es, daß viele Paare zu dem entferntesten Fremden reizend sind und zugleich die einfachste Aufmerksamkeit gegenüber dem anderen übersehen.

Ich war tief berührt von etwas, das ich vor Jahren gelesen habe. Eine Frau hatte ein Paar, Freunde von ihr, nach dem Rezept ihres Eheglücks befragt.

«Es ist wirklich sehr einfach», war die Antwort. «Wir haben am Anfang beschlossen, niemals das Wort ‹immer› in Vorwürfen zu benutzen.»

Wie oft sagen Menschen ihren Ehepartnern, «Du machst *immer* (dies und das)»; «Du reagierst *immer* so»; oder, «Das sagst du immer über ihn (oder über sie)». In solchen Zusammenhängen ist «immer» ein Vorwurf.

Respekt und Aufmerksamkeit

Ehe ist eine Langzeitinvestition. Auch wenn sie wie ein Baum wächst, ohne soviel Pflege zu brauchen, wie man sie gerne einem zarten Setzling zukommen läßt, so braucht sie dennoch eine besondere Energie. Respekt und Rücksichtnahme gehören zum einfachsten Entgegenkommen in menschlichen Beziehungen, das wie Öl die Maschinerie des Lebens sanft laufen läßt.

Kürzlich kam eine Frau zu mir, als ich an einem Tisch saß. Ich stand auf, um sie zu begrüßen. «Hören Sie mal», protestierte sie, «Sie müssen nicht aufstehen. Ich möchte nicht anders behandelt werden, nur weil ich eine Frau bin.» Meine Erziehung hätte mich für *jeden* aufstehen lassen, männlich oder weiblich, rein aus einfacher Höflichkeit und aus Respekt.

Aber warum soll man nicht einer Frau gegenüber auch Re-

spekt zeigen – weil sie eine Frau ist? Ich kann verstehen, daß eine Frau nicht wie eine chinesische Porzellanfigur behandelt werden will. Wenn man andererseits Menschen zu beiläufig behandelt, kann das leicht die Botschaft vermitteln: «Sie haben nichts, was ich will – also, was wollen *Sie* von mir?» Ein Fehlen von sichtbarem Respekt verwandelt ihn schnell in sein Gegenteil: Respektlosigkeit. Und Respektlosigkeit verwandelt sich leicht in Unverschämtheit.

Wann, wie und zu wem man freundlich ist, ist eine persönliche Entscheidung. Doch Freundlichkeit zurückzuweisen, wenn sie einem entgegengebracht wird, ist eine Einladung an irgendeine ihrer verschiedenen Alternativen.

Ehe sollte in Respekt und Liebenswürdigkeit verankert sein. Ohne sie wird Liebe nie zu einer gesunden Pflanze heranwachsen, die die Stürme des Lebens und der welchselnden Geschicke überleben kann. Paare, die sich gegenseitig zu sehr mit Gewohnheit behandeln, deuten durch Eindruck, Worte und Gesten an, daß es im anderen nichts Tieferes mehr gibt, das darauf wartet, entdeckt zu werden. Solche Ehen sind schon gescheitert.

Die Ehe sollte wie das Leben selbst eine sich ständig erweiternde Erfahrung sein. Dazu muß sie kreativ sein. Kreativität bedeutet ein positives nach außen Fließen der Energie; ihr Fehlen bedeutet eine passive Empfänglichkeit für die Energie der anderen Menschen und des Lebens. Passivität in der Ehe ist wie ein langsam wirkendes Gift. Kreativität ist ein Stärkungsmittel.

Ehe sollte wie eine Kunst betrieben werden. Damit sie dauernd interessant und neu bleibt, muß sie auf gebendem, liebevollem gegenseitigem Dienen beruhen.

Ein Vorschlag, um Kreativität in die Ehe zu bringen, ist zu versuchen, jeden Tag etwas zu tun, das der/dem Geliebten eine besondere Freude bereitet: Blumen, zum Beispiel, ein Anruf, ein besonderes Lächeln – nicht mit dem Mund, sondern mit den Augen.

Die Energie in der Ehe ist wie fließendes Wasser. Solange die

Kreativität sprudelt, wird sie ihre Frische behalten. Aber wenn sie für zu lange Zeit träge ist, kommt die Ehe zum Stillstand. Daher noch einmal: Ehe sollte sich ständig erweitern.

Wahre Seelenverbindung

Es gibt für Paare zwei Wege zusammenzuwachsen. Der eine ist, sich so ineinander zu verflechten, wie zwei Schlingpflanzen, bis sie so übereinstimmend in allem sind, daß es schwierig ist, sie auseinanderzuhalten – ausgenommen vielleicht an ihrer Kleidung. Eine solche Beziehung ist erstickend, denn sie bedeutet völlige gegenseitige Abhängigkeit und es gibt keine Kreativität im Austausch. Niemand der in einer solchen Verbindung gefangen ist, kann sich selbst ausdehnen und nach außen hin verwirklichen.

Der andere Weg für Paare zusammenzuwachsen liegt darin, die einfache Tatsache zu akzeptieren, daß eine vollständige Verbindung nicht einfach nur physisch und geistig erreicht werden kann, sondern vor allem in der Seelenverbindung. Solch eine Verbindung kann nicht durch das Umranken in einer engen Umarmung hergestellt werden. Noch besteht sie aus der bloßen Übereinstimmung der persönlichen Geschmäcker und Ideen. Es ist eine Vereinigung in der ewigen Wahrheit.

Vollständige Vereinigung von Körper und Gedanken gehört nicht zu den menschlichen Möglichkeiten, schon allein nicht weil der Körper sterben muß und die Gedanken nur kleine Wellen des Bewußtseins sind: sie wechseln, verändern sich und verschwinden ständig. Die Wellen eines Ozeans sind nur in dem Sinn eins, weil sie zum gleichen Ozean gehören.

Wahres Wachstum in der Ehe ist nur möglich, wenn beide Partner Verantwortung für ihr gemeinsames Wachstum übernehmen. Verantwortung ist eine individuelle Angelegenheit. Sie kann leicht verschleiert werden, wenn man aus ihr eine Ver-

pflichtung zu Gemeinsamkeit macht, wenn jeder Ehepartner den anderen fragt: «Nun, Liebling, was denkst *du*?»

Wechselseitig inspiriertes Wachstum ist nur möglich auf dem Boden gegenseitigen Respekts. Und Respekt entwickelt sich am besten, wenn ein von beiden Seiten gewünschter Grad von Abstand eingehalten wird. Es ist auch in der Intimität der Ehe für die Paare gut, das Bedürfnis des jeweils anderen nach Eigenleben anzuerkennen.

Denn jeder braucht Raum für sich selbst. Paare brauchen etwas Zeit für sich selbst – zusammen als Paar und auch getrennt voneinander –, damit sie mit frischer und neuer Begeisterung zu den Herausforderungen des Lebens zurückkehren können. Nur in einem Zustand innerer Freiheit können wir diese kreative Freude erhalten, die die größte Verheißung jeder Beziehung ist.

Erinnern Sie sich: Allein kamen Sie in diese Welt und allein werden Sie sie beim Tod wieder verlassen. Jede Bemühung diese Tatsache zu leugnen, indem man sich an einen anderen Menschen klammert, beruht auf einer völligen Mißachtung dessen, was einfach und für immer gilt. Jede Verbindung, die ein solches Anklammern verstärkt, treibt – wie ein ruderloses Schiff – auf die Felsen der Enttäuschung und der Desillusionierung zu.

Ich erinnere mich an ein Paar: Die Frau war so vernarrt in ihren Ehemann, daß er, da er ihre erstickenden Fürsorge nicht ertragen konnte, dazu überging, übermäßig zu trinken. Je mehr sie ihn umsorgte, um so heftiger trank er. Es war schmerzlich für mich, als ihren Freund, zu sehen, wie sie immer mehr auf eine unvermeidliche Katastrophe zutrieben. Auch konnte ich nicht sagen, wessen Leid größer war: Ihres, weil sie so sehr in jemanden vernarrt war, der sie schließlich durch sein Verhalten enttäuschen mußte; oder seins, die Empfindung des Gefangenseins in einer weitgehenden Abhängigkeit, die er aufgrund der Überzeugungen aus seiner Erziehung nur als wünschenswert und gut sehen konnte.

Tatsächlich war ihre Zuneigung besitzergreifend, und daher

weit weniger großherzig als es den Anschein hatte. Wirkliche Liebe beruht auf gegenseitigem Geben. Sie fordert niemals. Sie sagt niemals zu der anderen Person: «Du *schuldest* mir dies und das, weil ich deine Frau (dein Mann) bin.»

Liebe ist Geben, Teilen: Sie ist nicht Nehmen.

Ehe ist eine so heikle Beziehung, daß Sie riskieren, wenn Sie Ihren Partner auf irgendeine Weise dazu zu zwingen versuchen, Ihrem Weg zu folgen, die Beziehung unwiderruflich zu zerstören.

Der eine soll den freien Willen des anderen respektieren. *Bieten* Sie lieber Ihre Vorschläge freundlich – sogar bescheiden – Ihrem Partner zur Beurteilung an, statt emotionale Gebote und ultimative Forderungen in die Welt zu setzen.

Ein Körper ohne Kopf kann nicht funktionieren, obschon ein kopfloses Huhn noch eine Weile herumlaufen kann. Ein physischer und geistiger «Körper», dem die Orientierung eines tieferen, spirituellen Bewußtseins fehlt, muß früher oder später gänzlich aufhören zu funktionieren. Zu erwarten, daß man eine Haltung von Liebe und Respekt ohne die Verankerung in einem tieferen Bewußtsein aufrechterhalten kann, ist wie die Erwartung, daß eine Pflanze ohne geeigneten Boden gedeihen kann.

Emerson sagt es in seiner Abhandlung *The Over-Soul* so: «Ich fühle, daß [etwas] Höheres in uns dieses irdische Bühnenspiel überschaut; und hinter jedem von uns steht Jupiter und verbeugt sich vor Jupiter. Die Menschen aber steigen herab, um sich zu begegnen.»

Wenn ein Paar seine Ehe nicht von einem erweiternden Gesichtspunkt aus sieht, wird sich ihre Verbindung nicht im eigentlichen Sinn als glücklich erweisen.

Die wirkliche Grundlage einer wahren Ehe ist die sich bis zu den höchsten Höhen erstreckende Liebe.

Respekt füreinander sollte miteinschließen, dem anderen die Freiheit für Wachstum und Veränderung zu geben, jeder in seiner Geschwindigkeit. Frauen, die einen zweiten Jesus Christus als Ehemann erwarten, wären besser beraten, ins Kloster zu gehen. Und Männer, die Vollkommenheit von ihrer Ehefrau wollen, sollten besser eine Statue heiraten.

In Indien verlangen Männer zu oft von ihren Frauen, daß sie sein sollten wie Sita, die ergebene Frau von Rama in dem großen epischen Gedicht *Ramayana.* Sita ist für Inder die Verkörperung der ergebenen Gattin und ehelicher Treue. Zu indischen Männern sage ich dann: «Wenn du eine Frau wie Sita willst, sei *du* wie Rama.» Denn Rama selbst hatte niemals irgendwelche Forderungen an seine Frau. Er versuchte ihr eher davon abzuraten, sich für ihn aufzuopfern.

Eine Grundregel im Leben ist, mit den Dingen umzugehen, so wie sie sind, und nicht, wie wir sie gerne hätten. Diese Regel ist überall anwendbar und sicherlich nicht weniger auf Beziehungen und Ehe. Akzeptiere den Ehepartner so, wie er oder sie *ist.* Nur durch solches Annehmen werden Sie eine Chance haben, das Potential für Vervollkommnung zu stärken.

Würde es Ihnen gefallen, wenn sich Ihr Partner verändern würde? Schauen Sie zuerst in sich nach, ob dieses Bedürfnis nicht eher das nach einer inneren Veränderung bei ihnen selbst ist. Vielleicht wollen Sie, daß er wie Jesus Christus ist: Sind *Sie* die Jungfrau Maria? Und vielleicht wollen Sie, daß sie wie Sita ist: Sind *Sie* der Gott Rama? Ein Weiser sagte einmal: «Willst du die Welt verändern? Verändere Dich selbst!»

Aber es wäre zu vereinfachend zu behaupten, daß man immer im Irrtum ist, wenn man bei anderen einen Makel entdeckt. Das Gebot andere nicht zu verurteilen meint, sie aufgrund ihrer Fehler nicht *abzulehnen.* Es war nicht als Ratschlag gemeint, unachtsam zu sein. Sie finden heraus, ob Ihre Beobachtung eine

Verurteilung ist, indem sie darauf achten, ob Ihre eigenen Gefühle von der Person oder von dem, was passiert, negativ berührt werden.

Was also, wenn Sie Charakterfehler bei Ihrem Partner sehen? Daß er oder sie, als Mensch, eine durchschnittliche Anzahl davon hat, ist sehr wahrscheinlich. Sollte man dann versuchen, den Partner zum Wandel zu bewegen?

Wenn Ihre Bemühungen ihre Wurzeln in der Liebe haben und wenn Sie sich um *sein* oder *ihr* Glück sorgen, nicht um Ihr eigenes, dann haben Sie die Pflicht, Hilfe anzubieten. Aber die Hilfe muß auf die richtige Weise angeboten werden.

Unterschiede diskutieren

Es ist selten weise einen Ratschlag als solchen anzubieten. Vor allem ihn seinem Ehepartner anzubieten, kann sich als Katastrophe erweisen! Merken Sie sich, Sie sind nicht der Lehrer Ihres Partners. (Bei wievielen Paaren maßt sich der eine diese Rolle über den anderen an!) Sogar wenn sie oder er nach Ihrem Ratschlag fragt, behandeln Sie den Wunsch mit großem Einfühlungsvermögen.

Kritisieren Sie nie. *Bieten* Sie Ihre Idee *an* – versuchsweise, als ein Freund – und lassen Sie es der anderen Person völlig freigestellt, sie anzunehmen oder zurückzuweisen. Niemand schuldet es Ihnen, sogar Ihren besten Ratschlag anzunehemen. Sagen Sie lieber zu sich selbst, daß die andere Person *Ihnen* einen Gefallen tut, wenn sie ihn annimmt.

Versuchen Sie nie unter dem Einfluß von Emotionen zu reden. Und vertiefen Sie sich nicht mit Ihrem Ehepartner in ein Thema, wenn seine oder ihre Emotionen aufgewühlt sind. Starke Emotionen vertragen sich nicht mit Vernunft.

Nehmen Sie sich trotzdem *vor*, über ihre unterschiedlichen Standpunkte zu reden. Wenn Sie sie unterdrücken, wird nichts

Gutes daraus erwachsen. (Es ist erstaunlich, wie oft verletzte Gefühle und Mißverständnisse, wenn man mal den Mut zusammengenommen hat, sie anzuschauen, sich einfach in Luft auflösen.) Es ist aber keine Unterdrückung, wenn Sie Ihren Rat im Geiste aufheben, bis der rechte Moment für eine Aussprache gekommen ist.

Reden Sie, wenn Sie beide ruhig sind. Und warten Sie wenn möglich auf den Moment, in dem es wahrscheinlich ist, daß das, was Sie sagen wollen, sich als förderlich erweist. Zugegebenermaßen erfordert Warten Geduld, aber ohne Geduld wird nichts von dauerndem Wert erreicht. In meiner Beratungstätigkeit habe ich selbst manchmal Jahre auf den richtigen Moment gewartet, um etwas zu sagen, was eigentlich schon die ganze Zeit gesagt werden mußte. Hätte ich vorher darüber gesprochen, hätte ich sozusagen eine unreife Fucht vom Baum gepflückt. Gewöhnlich – nicht immer – erwiesen sich meine Worte in diesen Fällen schließlich als hilfreich.

Ein letzter Punkt zu diesem Thema. Menschen unterdrücken manchmal, was sie aussprechen möchten und sagen dann später zu sich selbst: «Oh, es war nicht so wichtig», und sagen es dann niemals. Unterdrückte Energie sucht sich nicht immer einen Weg der Freisetzung. Wenn sie nicht in wohltuender Weise und in Verbindung mit der Wahrheit freigegeben wird, wird sie einen anderen, bedeutend schädlicheren Ausdruck finden, als wenn Sie sie jetzt einfach mit oder ohne Emotionen loswerden. Ob Sie lieber warten, bevor Sie sprechen, hängt von Ihrer Fähigkeit ab, auf eine Ihrem Wohlbefinden förderliche Weise zu warten.

Sich gegenseitig stärken

Eine wichtige Richtschnur für verheiratete Paare ist, immer danach zu streben, einander Stärke zu geben und nicht zur gegenseitigen Schwächung beizutragen.

Dies scheint auf der Hand zu liegen, aber es ist erstaunlich, wieviele Paare die Negativität des anderen verstärken. Sie akzeptieren beispielsweise die Kritik des Partners, nicht weil sie persönlich daran glauben, sondern aus der zweifelhaften Genugtuung heraus, gegen den Partner Punkte sammeln zu können, die ihre eigene Negativität bei der nächsten Auseinandersetzung verstärken.

Einer der heimtückischsten Aspekte der Ehe, wenn man der Negativität bewußt Einlaß gewährt, ist die Tendenz, gegenseitig die Selbsttäuschung zu vergrößern, nicht abzubauen. Auf diese Art kann die Ehe, die gegenseitiges Geben und gegenseitigen Beistand fördern sollte, ein bedeutendes Hindernis der persönlichen Entwicklung werden.

Denken Sie weitsichtig, nicht kurzsichtig. Verlieren Sie ihren Blick für das Ganze nicht. Gilt Ihre Hingabe nicht für eine das ganze Leben anhaltende Beziehung? Lassen Sie sich nicht durch die kritische Lage oder die Begeisterung des Moments mitreißen.

Es ist leicht während eines momentanen Grolls zu vergessen, wie unbedeutend dieses Gefühl im Vergleich zu der über allem stehenden Tiefe Ihrer gegenseitigen Liebe ist. Lassen sie es nicht zu, auch nicht durch den Ton Ihrer Stimme, zusammen mit Ihrem Mißfallen die ungleich erschütterndere (und hoffentlich unwahre) Botschaft zu vermitteln: «Ich liebe dich nicht.»

Ist es Ihr Partner, der außer sich ist, seinen *Sie* der Friedensstifter. Spielen Sie keine Spiele mit Ihrer Liebe. Es steht zuviel auf dem Spiel. Warum einen Streit zwischen Ihnen anfangen? Wenn Sie dieses Mal der Friedensstifter sein können, wird Ihr Ehepartner vielleicht für Sie ein anderes Mal diese Rolle spielen, wenn *Sie* außer sich sind.

Innere Würde ist auch eine wichtige Zutat und ganz entscheidend für das Zusammenwachsen. Leben Sie ruhig in Ihrer eigenen Mitte und lassen Sie Weisheit und Liebe in allen Dingen sein, die Sie gemeinsam tun oder der eine für den anderen.

Lassen Sie schließlich nicht Situationen oder Dinge oder *irgendetwas* in Ihrer Beziehung wichtiger werden als die Liebe und den Respekt, die Sie für einander hegen. Denn Umstände verändern sich. In einer Langzeitpartnerschaft bauen Sie aufeinander, äußere Umstände sind flüchtig. Wenn Sie Ihre Beziehung weise und einfühlsam nähren, kann sie Sie durch die Tore dieses Lebens zur Ewigkeit führen.

Ein Weiser pflegte seinen Schülern folgende einfachen Worte als Rat zu geben: «Lerne, dich zu benehmen.» Auf den ersten Blick mag dieser Ratschlag nicht sonderlich tiefschürfend sein, sondern erinnert mehr an diese grundsätzlich bedeutungslose Ermahnung: «Sei brav.» Und doch sind diese einfachen Worte voll praktischer Weisheit.

Einerseits sprechen sie einen allgemeinen Fehler der Menschen an: Die Tendenz, von anderen zu erwarten, daß sie über unser schlechtes Benehmen hinwegsehen, solange unsere *Absichten* gut sind.

Verfallen Sie in Ihrer Ehe diesem Fehler nicht. Lassen Sie Ihr Verhalten zu einem Spiegel Ihrer wahren und tiefen Gefühle werden. Lassen Sie Nachlässigkeit und Unachtsamkeit nicht unwiderruflich das wunderschöne Kunstwerk, das Sie zusammen formen, zerstören.

Punkte, die man sich merken sollte

1. Geben Sie keiner Entscheidung Vorrang vor der dauernden gegenseitigen Hingabe.

2. Ein guter Leitsatz für die Ehe ist: *Menschen sind wichtiger als Dinge.*

3. Respekt und Rücksichtnahme sind das einfachste Entgegen-

kommen in menschlichen Beziehungen, die, wie Öl, das Uhrwerk des Lebens geschmeidig laufen lassen.

4. Die einem entgegengebrachte Achtung zurückzuweisen bedeutet, ihre verschiedenen Alternativen einzuladen. Die Ehe sollte ihre Wurzeln in Achtung und Respekt haben.

5. Die Ehe sollte wie das Leben selbst eine sich ständig erweiternde Erfahrung sein. Daher muß sie immer kreativ sein.

6. Ein Vorschlag, um Kreativität in Ihre Ehe zu bringen, ist, jeden Tag etwas zu tun, das dem Geliebten, der Geliebten, eine besondere Freude macht.

7. Ehe ist wie fließendes Wasser; solange die Kreativität sprudelt, wird es seine Frische bewahren.

8. Vollkommene Vereinigung kann weder nur auf physischem noch nur intellektuellem Weg erreicht werden: Sie muß vor allem in der Seelenvereinigung gesucht werden.

9. Wirkliches Wachstum ist in der Ehe nur möglich, wenn jeder Partner Verantwortung für das gemeinsames Wachstum übernimmt.

10. Gegenseitiger Respekt gedeiht am besten, wenn ein gewisser Grad von gemeinsam gewolltem Abstand eingehalten wird.

11. Liebe ist Geben und Teilen, kein Nehmen.

12. Ehe ist so eine empfindliche Beziehung, daß jeder Versuch, Zwang auf den Partner auszuüben, die unwiderrufliche Zerstörung der Beziehung riskiert.

13. Jeder soll den freien Willen des anderen respektieren. Dieser Respekt sollte die Freiheit für jeden zu Wachstum und Wandel – jeder mit der eigenen Geschwindigkeit – beinhalten.

14. Eine Grundregel des Lebens ist, mit den Dingen so umzugehen, wie sie *sind*, und nicht wie wir sie uns wünschen.

15. Es ist selten weise, einfach nur so Rat anzubieten.

16. Kritisieren Sie nie. *Bieten* Sie Ihre Idee *an* – versuchsweise, als ein Freund – und lassen Sie es der anderen Person völlig freigestellt, sie anzunehmen oder zurückzuweisen. Niemand schuldet es Ihnen, auch nur Ihren besten Ratschlag anzunehmen.

17. Versuchen Sie niemals unter dem Einfluß von Emotionen zu reden. Sprechen Sie, wenn Sie beide ruhig sind.

18. Eine wichtige Richtschnur für verheiratete Paare ist, immer danach zu streben, einander Stärke zu geben, und nicht gegenseitig zur Schwächung beizutragen.

19. Denken Sie weitsichtig.

20. Ist es Ihr Partner, der außer sich ist, seinen *Sie* der Friedensstifter. Spielen Sie keine Spiele mit Ihrer Liebe. Es steht zuviel auf dem Spiel.

21. Leben Sie ruhig in Ihrer eigenen Mitte und lassen Sie Weisheit und Liebe in allen Dingen sein, die Sie gemeinsam tun oder der eine für den anderen.

KAPITEL 7

Bindung

«Willst Du mich heiraten?»

«Sicher. Warum nicht?» (Kurze Pause, in der sie sich der Aufgabe widmet, den Kaugummi in die andere Backe zu schieben.) «Wenn es nicht klappt, können wir uns ja scheiden lassen.»

Diese beiläufige Art gegenüber etwas, das eine heilige Bindung sein sollte, ist heute weitverbreitet. Die Scheidungsstatistiken sind alarmierend. Es ist schon viel zum Leid der Kinder aus zerbrochenen Ehen gesagt worden. Das ist natürlich ein sehr greifbarer Teil des Problems. Aber das Leid für das geschiedene Paar, ob sie Eltern sind oder nicht, ist auch groß. Neben der beiläufigen Haltung der Gleichgültigkeit und neben dem eigentlichen Ärger und den gegenseitigen Beschuldigungen, gibt es eine tiefe persönliche Tragik. Es spielt keine Rolle, wie gleichgültig das oberflächliche Verhalten ist, untendrunter bleibt ein Gefühl von Schuld, Selbstzweifel und Bedauern darüber, daß so etwas Schönes hat verwüstet und mißraten enden sollen – wie ein vom Wirbelsturm ausgerissener Baum.

Es gibt viel Trauer im Leben. Und nicht die kleinste davon ist die mit Scheidung verbundene. Oft sind es die, die dabei eher gleichgültig erscheinen, die innerlich am meisten leiden.

Doch als Paulus sagte, «es ist besser zu heiraten als zu verbrennen», übersah er eine natürliche Folge seiner Feststellung: «Es ist besser, sich scheiden zu lassen, als in den Feuern der ehelichen Disharmonie zu verbrennen.» Eine Ehe, die bei ihrer vornehmsten Aufgabe versagt, einem Paar beim Zusammenwachsen zu helfen, eine Ehe, die stehenbleibt oder beide Partner nur

aus dem Grund einer übernommenen Verpflichtung in der irdischen Hölle festhält, solche Ehen sind sicherlich keine Verbindungen. Sie sind ein gemeinsamer Kerker.

Manchmal bleiben Menschen nicht zusammen, weil sie einander lieben, und nicht weil es eine Hoffnung gibt, daß sie gemeinsam in Richtung auf ein irgendein Ideal hin wachsen, sondern nur wegen der Meinung der Leute. Diese Ehe ist für beide Partner tödlich, denn sie tötet ihre Begeisterung, ihr Interesse am Leben und den Geist. Sie werden zu wandelnden Leichen, die nur darauf warten, daß der Leichenbestatter das annimmt, was sie ihm schon seit Jahren im Geiste anbieten.

Solche Paare bleiben manchmal auch nicht nur aus Angst das Gesicht zu verlieren zusammen, sondern weil sie fühlen, daß sie einem höheren Prinzip Folge leisten. Aber ein Prinzip wird sicherlich mißverstanden, wenn es keine Früchte trägt. Bibelzitate gegen die Ehe müssen auch je nach ihrem zugrundeliegenden Sinn gewichtet werden. Wie Jesus Christus sagte: «Der Sabbat wurde für den Menschen geschaffen, nicht der Mensch für den Sabbat.»

Niemand wird die Treue und Standhaftigkeit eines Paares anklagen, mit der sie durch Dick und Dünn zusammenbleiben. Wahre Prinzipien aber sind wie die Wahrheit selbst, ewig lebendig, nicht zerbrechlich und leblos. Wie alles Lebendige muß sich die Wahrheit den Umständen anpassen können, wenn sie den Sturm der irdischen Existenz überleben will.

Der Sinn der Ehe ist beiderseitiges Wachstum und Erweiterung. Sich an eine Ehe zu klammern nur weil man meint, man muß, bedeutet genau diesen Sinn zu vernichten. Dies gipfelt gewöhnlich darin, unter einer Decke künstlicher Blumen den nackten aber eigentlichen Grund für das Verbleiben in der toten Beziehung zu verstecken: Stolz. Solche Menschen können es nicht annehmen, daß sie einen Fehler gemacht haben, und auch nicht, daß andere ihren Irrtum bemerken.

Bindung ist ein grundlegendes Prinzip in jeder Beziehung.

Das Fehlen dieser Bindung bringt allen Betroffenen Schmerz. Deswegen ist es wichtig zu wissen, was Bindung bedeutet. Es ist wichtig zu lernen, wie man sich richtig bindet, an die richtigen Ziele und an die richtige Person.

Was ist Bindung?

Ehe ist, oder sollte es sein, eine lebenslange Verpflichtung. Das heißt, sie sollte mit lebenslangen Zielen im Geiste eingegangen werden. Wenn die eigene Verpflichtung mit bleibenden Prinzipien verbunden wird und nicht nur mit einer Person, wird sie um so sicherer Bestand haben. Denn Menschen ändern sich, aber Prinzipien sind ewig.

Eine Rose ist wunderschön. Wir freuen uns an ihrer Farbe, ihrer Form und an ihrem Duft. Sollte jedoch unsere Freude an der Rose übermäßig werden, wird sie unvermeidlich zur Enttäuschung führen. Denn die Rose wird bald verwelken.

Ich las einmal in einer Beratungskolumne einer Zeitung, wie ein Mann seiner Enttäuschung darüber Ausdruck gab, daß seine Frau zugenommen hatte. Die Beraterin nannte ihn zu recht einen Dummkopf.

Weil unser Leben viel länger dauert als das einer Rose, sehen wir viele Rosen kommen und gehen. Daher macht uns der Verlust einer geschätzten Rose nicht verbittert oder zynisch angesichts der Schönheit der Flora («Also, nun gut, Rosen sind schön, aber was soll an Schönheit gut sein, wenn sie nicht anhält?»); wir verstehen bald, daß Schönheit kein Ding ist, sondern eine Idee. Dinge gehen vorüber, aber die Ideen, die durch sie vertreten werden, bleiben durch den Tod unberührt.

Eine Person wegen ihrer Schönheit zu heiraten ist als wenn wir uns mit einer Wolke verbinden. Die Enttäuschung über das Ende eines Sonnenuntergangs ist gering, weil er nicht lange genug dauert, daß Menschen eine innere Bindung zu ihm ent-

wickeln. Körperliche Schönheit dauert länger als ein Abend, aber wenn sie nachläßt, erweist auch sie sich als nicht viel anders als ein schöner Sonnenuntergang – ausgenommen unsere innere Bindung an sie. Das, was einst strahlte, ist nun vorbei. Der Schmerz über den Verlust ist gering, wenn unsere Liebe weniger der strahlenden Erscheinung als dem ewigen Prinzip der Schönheit galt.

In jeder Bindung sollten wir besonders das suchen, was sich niemals ändert. Offensichtlich verändert sich die äußere Erscheinung der Menschen. Genauso ist es mit ihren Persönlichkeiten, Interessen, Geschmäckern, Meinungen und Vorstellungen. Wenn wir uns an irgendeines von diesen Dingen binden, wird die Bindung wahrscheinlich zerbrechlich sein. Binden Sie sich daher an das, was anhält.

Einige Menschen verpflichten sich der Ehe als einem Prinzip. Dies ist eine förderliche Sicht der Ehe; sie befähigt Paare, viele Prüfungen gemeinsam zu überstehen.

Andere Menschen fühlen sich auf der Seelenebene miteinander verbunden. Diese tiefere Bindung erlaubt ihnen manche Stürme zu überstehen.

Indische Schriften raten Paaren, Gott im anderen zu lieben. Diese Angewohnheit mag der Grund für die außergewöhnlich große Zahl glücklicher Ehen in Indien sein.

Auf jeden Fall gilt, um so mehr die Bindung einem Prinzip gewidmet ist und einem bestimmten Individuum im Namen dieses Prinzips dargeboten wird, um so eher wird die Bindung von Dauer sein – und nicht nur bloß von Dauer, sondern erblühen und eine stetige Quelle von zunehmendem Glück, Wachstum und gemeinsamer Harmonie werden.

Der moderne Mensch, darauf programmiert sich auf die Besonderheit von «diesem Auto», «diesem Haus», «diesem Gemälde», «dieser Person» zu konzentrieren, wird leicht enttäuscht werden und von einer Bindung zur anderen gerissen. Ein indischer Freund sagte einmal zu mir: «Ihr Amerikaner seid stolz

darauf, keinen Aberglauben zu haben. Nun, offengestanden, ich kann mir keinen größeren Aberglauben vorstellen als eure merkwürdige Überzeugung, daß Glück von bloßen *Dingen* abhängt!»

Übertriebenermaßen vom Besonderen eingenommen sein führt entweder zu einer übermäßigen Trauer über seinen Verlust – der früher oder später unvermeidlich eintritt – oder zu einer so oberflächlichen Bindung, daß die Verbundenheit mit der Farbe der Beleuchtung wechselt. «Ich liebte ihn so sehr, als er noch alle seine Haare hatte», ist nicht viel anders als, «Ich liebte ihn so sehr wegen seines Sinns für Humor, aber jetzt, wo er nicht mehr lacht, finde ich, daß ich ihn nicht mehr liebe.» Und wenn diese Beispiele ihnen erfunden scheinen, suchen sie nach wahren. Sie werden sehen, daß diese nicht weniger Oberflächlichkeit enthalten.

Die menschliche Natur wird natürlich von äußerlichem Schein angezogen. Die Wurzeln einer Pflanze mögen wichtiger als ihre Blätter sein, aber wer würde behaupten, daß in diesem Fall die Wurzeln ebenso anziehend wären? Eine romantische Verbindung ist die Voraussetzung für eine Ehe. Was ich meine ist, daß eine Ehe, um glücklich zu sein, viel mehr sein muß als eine Romanze.

Es ist wichtig zu verstehen, daß man mit einem Ehepartner eine ganze Pflanze bekommt. Je mehr Sie im Geiste mit bloß äußerlichen Anziehungspunkten verheiratet sind, desto wankelmütiger wird Ihre Zuneigung sein.

Das Verehren von Vorlieben und Abneigungen

Wenn es ein Hindernis der Selbstentwicklung gibt, das größer als Unterdrückung ist, dann ist es Wankelmütigkeit. Unterdrückung ist ein geschürtes Feuer: Es kann Schaden anrichten, wenn es ausbricht, so wie es das gelegentlich tun muß, aber wenn es weise kanalisiert wird, kann es große Leistungskraft be-

wirken. Wankelmütigkeit, auf der anderen Seite, verstreut die Energie nur. Wankelmütige Menschen leisten kaum, wenn überhaupt, etwas Lohnendes in ihrem Leben.

Wankelmütigkeit kommt daher, daß man sich zu sehr auf den äußeren Anschein konzentriert und zu wenig auf den wirklichen Wert.

Eine der Illusionen unserer Zeit ist die Bedeutung, die dem «guten Gefühl» bei Dingen beigemessen wird. Viele Menschen verwechseln intuitives Gefühl mit bloßen Vorlieben und Abneigungen. Die Ehe können sie scheiden lassen, nur weil sie sich nicht mehr «gut fühlen», wenn sie zusammen sind.

Ich habe die Notwendigkeit Intuition zu entwickeln hervorgehoben. Es ist nötig hinzuzufügen, daß so wie es verschiedene Stufen der inneren Bindung gibt, es auch verschiedene Stufen der Intuition gibt. Mehr noch, viele Gefühle, die vorgeblich Intuition sind, sind es in Wirklichkeit überhaupt nicht.

So wie es einige Menschen gibt, die sich bei ihren inneren Bindungen davon leiten lassen, wie sie sich heute *fühlen* (im Gegensatz dazu, wie sie sich gestern gefühlt haben), so gibt es auch Menschen, die jedes Gefühl mit Intuition rechtfertigen. Es dauert nicht lange und eine Art Tornado entwickelt sich: «Ich fühle mich heute nicht mehr so liebevoll dir gegenüber wie gestern; meine ‹Intuition› sagt mir, daß in unserer Beziehung etwas nicht stimmt; das macht, daß ich mich schlecht *fühle*; meine Intuition sagt mir, daß unsere Ehe sich auf einer absteigenden Spirale befindet: Vielleicht war alles ein Fehler. Vielleicht hätten wir niemals heiraten sollen. Vielleicht sollten wir die Scheidung einreichen.» Mit Emotionen aufgeladene Gefühle nähren eine oberflächliche Intuition von etwas, das nicht mehr als ein vorübergehendes Mißverständnis ist, und verwandeln so einfache Stimmungsschwankungen in zwischenmenschlichen Beziehungen in wahre Whirlpools.

In solchen Momenten ist es besser, Gefühle überhaupt zu ignorieren und die Wissenschaft des gesunden Menschenverstan-

des anzuwenden. Tatsächlich sollte jeder Ehe eine innere Bindung nicht zum Gefühl zugrundeliegen, sondern zur Wahrheit – zu dem, was *richtig* ist.

An andere denken

Verantwortung in der Ehe scheint es heute fast nicht mehr zu geben. Sie sollte besser wieder Einzug halten, denn ohne Verantwortungsgefühl kann es kaum eine dauernde Verbindung geben. Es ist wichtiger verantwortungsbewußt zu sein, als sich bei jeder Richtungsänderung Sorgen zu machen, wie sich die Dinge «anfühlen».

Wie ich schon sagte, haben Frauen eher als Männer zur Intuition Zugang, weil sie auf der Ebene des Fühlens bewußter sind. Wenn sich Männer mehr auf die Logik beziehen, können sie die Verbindung zu ihren Gefühlen verlieren. Wenn dies geschieht, opfern sie das angeborene Geschenk der Intuition. Wenn der Intellekt auf ein übermäßiges Verhaftetsein mit der Logik verzichtet, haben Männer den Vorteil, daß er einen beruhigenden Einfluß auf die Emotionen hat, und dadurch dieses ruhige Gefühl hervorruft, das die Intuition ist.

Intuitive Gefühle dürfen nicht mit Vorlieben und Abneigungen verwechselt werden. Oft sagen Menschen, «ich *fühle*, daß es gut ist, diese Richtung zu verfolgen», und meinen damit eigentlich, «ich *will* in diese Richtung gehen», oder, «ich *mag* diese Richtung». Ruhiges, intuitives Fühlen hat nichts mit dieser emotionalen «Führung» zu tun. Deswegen brauchen unsere Gefühle die Richtungsweisung durch Denken und Vernunft. Andererseits muß der Intellekt für das Verstehen nicht allein auf Logik bauen, aus Furcht er würde wie ein Jagdhund, der seiner Spürnase beraubt ist, unzähligen falschen Spuren nachjagen. Wenn der Verstand seine Inspiration aus einem ruhigen Fühlen bezieht und wenn dieses Fühlen im Zustand des Verstandes gehalten

werden kann, nur dann darf man das Ergebnis Intuition nennen.

Je ruhiger das Fühlen, desto tiefer die Intuition. Um so tiefer, weil ruhiger, das intuitive Verständnis einer Beziehung, um so anhaltender wird die eigene innere Bindung zu ihr sein.

Sich den richtigen Zielen in einer Ehe zu verpflichten bedeutet, eine Beziehung zu wünschen, die nicht nur für Sie und Ihren Ehepartner, sondern auch für andere Menschen von Wert ist. Solch eine Beziehung ist wirklich erweiternd. Jede Ehe, die ihre Aufmerksamkeit völlig auf die Beziehung zweier Menschen zueinander richtet, wird sich zuletzt übersättigen. Ein wirklich erfülltes Leben muß ein Dienen für alle sein.

Paare sollten sich am Tag der Hochzeit gegenseitig sagen: «Ich will dich glücklich machen.» Und wenn sie das Glück im anderen gefunden haben, sollten sie sich nach außen wenden mit dem Gedanken: «Laß uns alle glücklich machen!»

Die richtigen Ziele in der Ehe sind keine Schlußpunkte, sondern eine gerichtete Bewegung von immer größer werdender Erweiterung; ein Liebesdienst an anderen, der schließlich die ganze Welt als die eigene, größere Familie umfaßt.

Wenn Sie eine innere Bindung zu einem Prinzip haben und zu einem Ehepartner als jemandem, mit dem Sie sich unter diesem Prinzip entwickeln wollen, und Ihr Partner das Prinzip später zurückweist, und keine Geduld Ihrerseits irgendeine verändernde Wirkung zeigt, wird es für Sie beide das Beste sein, sich zu trennen.

Wenn Sie sich trennen müssen, tun Sie es mit Würde. Das ist besser, als durch Gezänk und Mißverständnisse immer weiter hinunter in die schwindende Übereinstimmung mit dem Prinzip gezogen zu werden. Wenn Sie sich trennen müssen, scheiden Sie mit Respekt und mit Liebe.

Geben Sie jedoch zuerst Ihr Bestes, daß es funktioniert. Versuchen Sie Ihrem Ehepartner zu helfen, auch wenn Sie nicht sehen, daß Ihnen selbst geholfen wird. Denn durch Geben bekommen wir oft mehr, als wir erkennen. Ehe ist eine wichtige

innere Beziehung und sie darf nicht aufgegeben werden, bevor alle Wege ausprobiert sind.

Die Bedeutung der Wahl des richtigen Ehepartners ist offensichtlich, wenn wir die Anzahl der Ehen betrachten, die scheitern. Um den richtigen Ehepartner zu wählen, suchen Sie vor allem jemanden, der Ihre Ideale teilt. Denn wenn Sie selbstlos sind, aber Ihre Ehefrau oder Ihr Ehemann nicht dem Strudel der Selbstversunkenheit entkommen kann, wird sich die Ehe zwischen Ihnen wahrscheinlich als unfruchtbar erweisen.

Punkte, die man sich merken sollte

1. Einen Menschen wegen seiner Schönheit zu heiraten ist, als ob man sich mit einer Wolke verbindet. Suchen Sie bei jeder inneren Bindung besonders das, was sich niemals ändert.

2. Um so mehr die eigene, innere Bindung einem Prinzip gewidmet ist und im Namen dieses Prinzips dargeboten wird, um so eher wird diese innere Bindung von Dauer sein.

3. Vom Besonderen gefesselt zu sein führt zu Trauer über seinen Verlust.

4. Wenn es ein Hindernis der Selbstentwicklung gibt, das größer als Unterdrückung ist, dann ist es Wankelmütigkeit.

5. Eine der Illusionen unserer Zeit ist die Bedeutung, die dem «guten Gefühl» bei Dingen beigemessen wird. Viele Menschen verwechseln intuitives Gefühl mit bloßen Vorlieben und Abneigungen.

6. Jeder Ehe sollte eine innere Bindung nicht zum Gefühl zugrundeliegen, sondern zur Wahrheit – zu dem, was richtig ist.

7. Je ruhiger das Fühlen, desto tiefer die Intuition. Um so tiefer, weil ruhiger, das intuitive Verständnis einer Beziehung, um so anhaltender wird die eigene innere Bindung zu ihr sein.

8. Sich den richtigen Zielen in einer Ehe zu verpflichten bedeutet eine Beziehung zu wünschen, die nicht nur für Sie und Ihren Ehepartner, sondern auch für andere Menschen von Wert ist.

9. Paare sollten sich am Tag der Hochzeit gegenseitig sagen: «Ich will dich glücklich machen.»

10. Die richtigen Ziele in der Ehe sind keine Schlußpunkte, sondern eine gerichtete Bewegung von immer größer werdender Erweiterung.

11. Wenn Sie sich trennen müssen, nachdem alles andere versucht wurde, tun Sie es mit Würde. Tun Sie es mit Respekt und mit Liebe.

12. Um den richtigen Ehepartner zu finden, schauen Sie sich nach jemandem um, der vor allem Ihre Ideale teilt.

KAPITEL 8

Sex in der Ehe

Allgemein gilt eine Ehe als vollzogen, wenn es zur sexuellen Vereinigung gekommen ist. Dies ist natürlich eine Definition, die aus dem Interesse der Gesellschaft an ihrem eigenen Fortbestehen heraus geboren wurde. Doch dieses Interesse führte auch zu der Definition der Ehe selbst als einer Institution, die hauptsächlich der sexuellen Vereinigung dient. Jedoch gerade in der sexuellen Vereinigung liegt so viel mehr als im «Sex haben». Wie steht es mit Sex als Weg, um der Liebe Ausdruck zu verleihen? Was ist mit Sex als Mittel, um die Gefühle eines Paares von Liebe und Zärtlichkeit zueinander zu vertiefen? Wie steht es damit, ihre Beziehung eher durch den Ausdruck dieser Gefühle zu definieren als durch den Ausdruck körperlicher Leidenschaft?

Ja natürlich ermöglicht die Ehe Paaren die Spezies zu erhalten. Außerdem, wie Paulus es etwas grob gesagt hat, «es ist besser zu heiraten, als zu verbrennen». Um es positiver zu sagen, die Ehe fördert eine tiefere Vereinigung als sie durch den Geschlechtsverkehr mit verschiedenen, häufig wechselnden Partnern erreicht werden kann.

Gleichzeitig sind wir mehr als Tiere und sollten die Ehe selbst und ihre körperlichen Aspekte als einen Weg zur Erfüllung höherer Art sehen.

Im höchsten Sinne sollte der Vollzug der Ehe als etwas betrachtet werden, das die sexuelle Vereinigung *miteinbezieht*, da sie die Art von Vereinigung verheißt, die in mehr als nur physischer Erfüllung liegt.

Dieser Punkt ist wichtig, wenn man die sexuellen Aspekte der

Ehe betrachtet. Denn vom gesellschaftlichen Standpunkt aus zielen die Sitten, die die menschliche Sexualität einschränken, hauptsächlich darauf, eine konstantes Umfeld für die Erziehung der Kinder zu schaffen. Die Gesellschaft ist weder an den spirituellen Obertönen der Ehe interessiert noch an der sexuellen Enthaltsamkeit. Verheiratete Paare werden eher ermutigt, den Geschlechtsverkehr so oft wie möglich zu genießen. Er wird als verdiente Belohnung für die Übernahme der sozialen Verantwortung der Ehe angesehen.

Bis jedoch die sexuelle Seite der Ehe nicht unter Kontrolle gebracht ist und eher zu einer Erfüllung der Liebe als zur bloßen Befriedigung der Leidenschaft gemacht wurde, werden die höheren Ziele der Ehe im Unklaren bleiben.

Die höhere Aufgabe des Sex

Sexuelle Vereinigung erfüllt zwei Aufgaben: Sie ist natürlich notwendig für den Fortbestand der Art. Sie ist auch wichtig als eine Bestärkung der bedingungslosen Liebe. Im ersten Fall gibt es keine lebensfähige Alternative; alle Paare, die Kinder wollen, müssen sich sexuell vereinigen. Aber als eine Bestärkung der Liebe darf Sex nicht auf den physischen Akt des Beischlafs begrenzt werden. Geschlechtsverkehr sollte nur als eine Stufe in der Entwicklung tieferer ehelicher Bande sein. Paare, die nie über diese körperliche Stufe hinauswachsen, werden kaum je in die Tiefen der wahren Liebe hinabtauchen.

Denn beim Geschlechtsverkehr ist es schwierig, das Element des Sichgehenlassens auszuschalten – und das meint Selbstsucht. Wahre Liebe ist sich-selbst-verschenkend.

Nicht-physische Liebe zwischen den Geschlechtern wird oft als platonische Liebe bezeichnet. Tatsächlich war Platos Ideal, daß Paare am Anfang sexuell zusammenkommen und dann langsam über die Jahre ihre Liebe so verfeinern, daß es immer weni-

ger wichtig wird, sie sexuell zu bestärken. Streng genommen meint platonische Liebe nicht, daß Seelenliebe im *Gegensatz zu sexueller Liebe* steht. Sie meint eher eine natürliche Verschiebung des Gewichts *von* der physischen *zur* spirituellen Liebe.

Körperliche Liebe ist ein natürlicher Teil des Menschseins. Sie kann wunderschön sein. Sie kann aber auch selbstsüchtig und fordernd und dadurch alles andere als Liebe, sondern eine einfache und häßliche Vorspiegelung falscher Tatsachen sein. Die Menschheit hat die Möglichkeit über tierische Leidenschaft und Verlangen hinauszuwachsen. Wenn eine Person nach dieser Möglichkeit strebt, muß er nicht nur die Ehe, sondern *jede* Beziehung als Ausdruck höchster Erfüllung sehen.

Mit anderen zu verkehren, um davon zu profitieren, ist selbstsüchtig, nicht teilend. Leidenschaft ist selbstsüchtig; sie ist für sich selbst genommen kein Akt des Gebens. Das Verlangen nach persönlicher Befriedigung ist im Grunde genommen selbstsüchtig. Mit anderen nicht im Geiste selbsüchtigen Verlangens zu verkehren, sondern aus Freude, ist selbstbefreiend. Beziehungen, die auf Teilen gegründet sind, sind eine Belohnung ohne Ende. Aber Beziehungen, die ihre Wurzeln in einem beiderseitigen Verlangen haben, enden in der absteigenden Spirale der gegenseitigen Abhängigkeit.

Wenn diese Grundsätze in anderen Beziehungen gelten, ist es nur natürlich, daß sie auch in der Ehe Gültigkeit haben sollten. Wenn ein Paar näher zusammenwächst, ist es für sie wichtig, eine Beziehung aufzubauen, die Leidenschaft und Verlangen in sich selbst verschenkende Liebe verwandelt.

So groß ist leider die Macht gesellschaftlicher Beeinflussung, daß das, was völlig natürlich ist, als unnatürlich verurteilt wird. Blicken wir dem ins Gesicht, wir leben in einem Zeitalter, das Sex jedes nur mögliche Gewicht beilegt. Man sieht kaum eine Anzeige für solche im Grunde genommen asexuellen Dinge wie Zigarretten, Autos oder Süßigkeiten, die nicht auf irgendeine Art dem zukünftigen Käufer einredet, daß der Kauf dieser Din-

ge seine sexuelle Meisterschaft oder Erfüllung wesentlich vergrößern wird.

Das Credo des Vergnügens

Man könnte sogar über unsere «erleuchtete» Zeit sagen, daß wir die mittelalterliche Theologie nur hinter uns gelassen haben, um eine heimtückische moderne Theologie selbst zu formulieren: ein Glaubensbekenntnis des Vergnügens, das Sex als die größte vorstellbare Erfüllung des Lebens sieht. Und wenn Sie verheiratet sind und im Alter von fünfundneunzig oder hundert sich an der sexuellen Vereinigung noch erfreuen können – warum nicht, großartig, wunderbar! Schade nur für diese armen Schwachsinnigen, die sich nicht dazu getrieben fühlen, es jeden Tag zu genießen.

Doch Wahrheit hat es an sich, ihren Weg ans Licht zu finden, egal wie sorgfältig sie im Keller versteckt wurde. Vor kurzem hörte ein Freund von mir zufällig, wie zwei Leute sich über die häufigsten Gründe für Scheidungen unterhielten. «Wenn es nicht der Glaube ist», bemerkte einer, «ist es Sex!».

Die ganze Wahrheit ist, daß *kein* sinnliches Vergnügen fortdauernd Freude macht, wenn man es übermäßig auskostet. Positiv ausgedrückt, *alle* sinnlichen Vergnügen werden durch Mäßigung gesteigert. Das gilt für Essen, Feiern, gute Musik wie für Sex. Was vielleicht als Freude begonnen hat, wird durch übertriebene Ausübung unvermeidlich zu einer bloßen Gewohnheit herabsinken.

Bei der sexuellen Vereinigung müssen noch andere Faktoren berücksichtigt werden. Zum Beispiel die Tatsache, daß dabei die Gefühle von *zwei* Menschen beteiligt sind. Das, was der eine als Mäßigung sieht, mag der andere als übermäßig ansehen. Wenn Partner keine Rücksicht auf die Gefühle des anderen nehmen, wird der sexuelle Akt das, was er in jedem Fall viel zu leicht

wird: ein Akt der Selbstbefriedigung und nicht der Liebe, des Nehmens und nicht des Gebens, ein Akt von Angebot und Nachfrage und nicht von einfühlsamem und gegenseitigem Teilen.

Zwischen «Liebe machen» und «lieben» gibt es eine ganze Palette von Unterschieden. Das letztere kann, muß aber nicht, die sexuelle Vereinigung miteinschließen. Der wahre Sinn von «lieben» ist hier, der Zärtlichkeit Ausdruck zu verleihen; der Akt sollte kein Ziel an sich sein. Und wenn es Zeit und Anstrengung braucht, die Fähigkeit zu entwickeln, einfühlsam zu «lieben», so ist doch der Lohn die Mühe wert. Denn wenn der sexuelle Akt wirklich liebevoll sein soll, muß er seine Wurzeln in der Selbstkontrolle haben.

Mäßigung beim Sex ist auch aus einem anderen Grund wichtig. Anders als bei anderen sinnlichen Vergnügen, wie etwa der Freude an guter Musik, stellt der sexuelle Akt einen Verbrauch, kein Schöpfen und keine Vermehrung, von Energie dar.

Das meint nicht, daß eine Verausgabung von Energie notwendigerweise eine Schwächung bedeutet; oft ziehen wir mehr Energie an, indem wir die *gebrauchen*, die wir schon haben. Das Gegenteil ist auch wahr: Bei fortgesetztem Nichtgebrauch können wir auch finden, daß wir weniger Energie zur Verfügung haben, wenn wir sie brauchen – genau so wie ein Strom stehenbleibt, wenn sein Wasser aufhört zu fließen. Auch nachdem Sie Energie bei einer gesunden Wanderung oder einem Lauf verbraucht haben, können Sie sich vor Vitalität sprühend fühlen; wohingegen, wenn Sie die gleiche Zeit daheim im Bett in der Hoffnung verbracht haben, ihre Energie aufsparen zu können, werden sie tatsächlich durch Ihre Trägheit geschwächt.

Der Energiefluß im Körper

Um zu verstehen, welchen Einfluß der sexuelle Akt auf den Energiefluß hat, ist es zunächst wichtig zu verstehen, wie Ener-

gie im Köper aktiviert werden kann – d. h. in Wirklichkeit nach Belieben angezogen wird. Denn physische Energie wird nicht nur durch die Nahrung erzeugt, die wir essen.

Haben Sie jemals eine Aufgabe gerne erledigt und tatsächlich sich hinterher *energievoller* gefühlt als zu Beginn? Wie war das, wenn Sie ähnliche Aufgaben widerwillig ausgeführt haben? War es nicht so, daß die Arbeit Sie dann ermüdet hat?

Lebensstärkende Einstellungen wie Freude, Bereitschaft oder Liebe *erzeugen* tatsächlich Energie im Körper. Und lebensverneinende Einstellungen wie Traurigkeit, Widerwille oder Feindseligkeit schwächen eigentlich die Energie des Körpers.

Dies sind einfache Wahrheiten und leicht zu überprüfen. Es geht um mehr als nur darum, genug zu Essen zu haben. Wie soll man das erklären?

Erinnern Sie sich zunächst an den Satz der modernen Wissenschaft, daß alle Materie in Wirklichkeit Energieschwingung ist. Unsere physischen Körper bestehen aus Energieschwingungen. Das materielle Universum ist ein Ozean von *Energie.* Im Körper sorgt die Energie für die Verbindung von Körper und Geist. Durch den Willen senden wir Energie in den Körper – um beispielsweise einen Arm zu bewegen. Durch positive Willenskraft können wir die Energie des Universums um uns herum anziehen. Durch negative Willenskraft – beispielsweisc durch Furcht oder Entmutigung –, trennen wir uns selbst von dieser Energiequelle ab.

Ich selber praktiziere eine Reihe von energetisierenden Übungen, die von meinem spirituellen Lehrer, Yogananda, entwickelt worden sind. Mit Hilfe dieser Übungen kann man bewußt und willentlich die kosmische Energiequelle anzapfen. Ich habe dieses Übungssystem über Jahre täglich praktiziert und kann bestätigen, daß es Wunder wirkt. Neben anderen Vorteilen erzeugt es ein anhaltendes inneres Fließen, Vitalität und Wohlbefinden.

Der Grundsatz dieser Übungen – ein gutes Motto, um unser Leben darauf aufzubauen – ist: «Um so stärker der Wille, um so

größer ist der Fluß der Energie.» Yogananda lehrte, daß man sich durch die starke Anstrengung der Willenskraft gekoppelt mit der einfühlsamen Aufmerksamkeit auf die Energie des Körpers an die unendliche Energiequelle anschließen und den Körper und das Gehirn anhaltend stärken kann.

Dieses Buch ist kaum der Ort, um seine Lehren im Detail zu erklären, aber ich hoffe, daß das, was ich hier geschrieben habe, von Ihren eigenen Erfahrungen unterstützt wird. Haltungen wie Bereitschaft, Freude und Liebe sind kurz gesagt nicht bloß das *Ergebnis* eines gesunden Überflusses von Energie im Körper: In Wirklichkeit *schaffen* sie diesen Überfluß und vergrößern ihn.

Wie Dale Carnegie es in seinem berühmten Ausspruch sagte: «Handeln Sie begeistert und Sie werden begeistert *sein*!»

Wenn Paare liebevoll und mit Freude in der körperlichen Vereinigung zusammenkommen, werden sie dadurch ganz natürlich einen Anstieg ihrer Energie erfahren. Von woher kommt diese Zunahme? Aus dem Sexakt selbst? Wird er nicht eher durch ihre Liebe und Freude erzeugt?

Sehen Sie sich die Paare an, für die Sex aufgehört hat eine Freude zu sein und zu einer bloßen Gewohnheit geworden ist. Wie oft scheinen solche Menschen völlig vom Leben und vom anderen gelangweilt zu sein, launisch und reizbar, vorzeitig gealtert und zunehmend unerfüllt.

Man kann in diesen Fällen einwenden, daß Sex nicht schuld sein muß. Doch kann man sicher sagen, daß es nicht das *Heilmittel* für ihre Langeweile und die Energiearmut war. In Wirklichkeit sind Freude und Liebe und nicht die sexuelle Vereinigung die wahren Gründe für jeden Energieanstieg, den Menschen aus der sexuellen Vereinigung ziehen.

Um diese Wahrheit einfacher zu formulieren: *Keine bloß mechanische Handlung, die Energie verbraucht, kann sie durch sich selbst wieder ausgleichen.* Der Läufer, der niedergeschlagen joggt, wird erschöpft nach Hause kommen; der freudvolle Jogger kommt erfrischt zurück. Ebenso kann beim sexuellen Akt

der rein mechanische Sex unmöglich das eigene Potential an Energie vergrößern; er kann sie nur, wenigstens bis zu einem gewissen Grad, erschöpfen.

Denn besonders bei Männern muß der Körper hart arbeiten, um Samen zu produzieren – diese hochverfeinerte Essenz, die die Creme der Produktivität des Körpers ist. Wenn dieser innere Vorgang durch übermäßigen Sex strapaziert wird, wird die Creme verwässert. Der Körper selbst muß zudem mehr Energie auf die Produktion von Samen richten und daher Energie von anderen wichtigen inneren Funktionen abzweigen.

Die Folgen müssen nicht sofort offensichtlich werden, noch müssen sie in klarem (da unmittelbarem) Bezug zur sexuellen Aktivität stehen. Doch werden Jahre einer solchen Praxis zu einer größeren Schwächung der Gesundheit führen – Nervosität, Depression, Verlust des inneren Gleichgewichts, Abnahme geistiger Klarheit und allgemeiner Mangel an Vitalität.

Der junge Mensch, der davon überzeugt ist, jede Nacht Sex genießen zu können, entdeckt erst Jahre später die ernsteren Symptome seines Selbstmißbrauchs. Dann wird er sie einem ganzen Haufen von mißlichen äußeren Umständen zuschreiben. Er wird vielleicht sogar einen illusionären Ausweg in immer emsigerer Sexualität suchen – wie ein Fisch, der dem Netz des Fischers zu entkommen sucht, indem er tiefer in den Grund hinabtauchen will, anstatt über den Rand des Netzes in die Sicherheit des Meeres zu springen.

Junge Männer nun, die durch häufige sexuelle Aktivität ihre Männlichkeit «beweisen» wollen, würden besser daran tun, sie auf eine Art zu beweisen, die sie nicht verschwendet, sondern *verstärkt.* Solche Arten würden die Entwicklung ihrer Entschlossenheit und ihrer Willenskraft und ihre Fähigkeit zu klarem Denken miteinschließen. Selbstkontrolle ist für diese Entwicklung ganz bestimmt eine Hilfe.

Auch Frauen erleiden durch sexuelle Übertreibung einen Energieverlust, doch einen sehr viel geringeren als Männer. In

ihren Leben werden die Auswirkungen – ähnlich wie bei den Männern – erst nach Jahren offensichtlich. Eine Kosmetikfirma hat einmal ein Gutachten darüber erstellen lassen, welche unter verschiedenen Gruppen von Frauen den besten Teint hat. Das Ergebnis war nichts, was die Firma in einer Anzeigenkampagne hätte verwenden können: Die Gruppe von Frauen mit dem besten Teint waren Nonnen!

Der Energiegewinn, den Menschen bei der sexuellen Vereinigung erfahren, ist der Bewußtheit zu verdanken, mit der sie während des Akts an ihrer Liebe und Freude festhalten, und nicht dem Akt selbst. Zudem müssen Liebe und Freude kleiner werden, wenn man zuläßt, daß der sexuelle Akt auf das Niveau einer Gewohnheit herabsinkt. Um etwas mit Freude zu genießen, ist es nötig, es als etwas Besonderes zu behandeln und es nicht bloß « in Angriff zu nehmen», weil wieder Nacht ist und zufällig eine Frau oder ein Mann neben Ihnen liegt.

Der Weg der Mäßigung

Alles im Leben wird weniger kostbar – sogar schal –, je mehr es gebraucht wird. Sie mögen schöne Musik lieben, aber wenn Sie sie ständig hören, wird sie irgendwann störend. Blumen sind beglückend, aber eine Überfülle kann leicht ermüdend werden.

Die Japaner haben die Angewohnheit immer nur ein besonders geschätztes Objekt in ihrer Wohnung aufzustellen. Ein weiser Brauch. Eine noch weisere Lektion.

Ich habe gesagt, daß Menschen durch ihre Liebe und Freude einen Zuwachs an Energie beim sexuellen Akt erfahren. Nun dann – liebe- und freudvolles Teilen lassen wir mal beiseite –, würde nicht die Begeisterung für den Akt selbst gemäß den Grunsätzen, die ich dargelegt habe, auch mehr Energie in den Körper ziehen, selbst wenn sie vollständig durch den Wunsch nach Selbstbefriedigung motiviert wäre?

Tatsächlich würde sie es und zu einem gewissen Grad tut sie es auch. Aber hier muß eine wichtige Unterscheidung gemacht werden. Denn je grober und animalischer das Denken, um so grober sind auch die Erscheinungsformen der Energie. Energie, die nur auf die sexuelle Befriedigung gerichtet ist, manifestiert sich auf einer im wörtlichen Sinn tieferen Ebene – das heißt in einem tieferen Zentrum des Rückgrats – tiefer als beispielsweise die Liebe, deren Zentrum in der Gegend des Herzens ist.

Haben Sie je bemerkt, wie, wenn Sie hochgehoben werden, Ihre Energie und Ihr Bewußtsein im wahrsten Sinn des Wortes nach oben fließen? Sogar Ihre Augen neigen dazu, nach oben zu blicken. Es ist kein Zufall, daß wir mit Ausdrücken wie «erhöht», «hoch», «in gehobener Stimmung» und «ich fühle mich auf dem Gipfel» unsere Stimmung beschreiben, wenn es uns mental sehr gut geht. Noch ist es ein Zufall, wenn wir sagen, wir fühlen uns «gering», «bedrückt», «niedergeschlagen» oder «tief im Loch», wenn wir uns nicht auf der Höhe fühlen.

In ihrer Wirkung auf das untere Rückgrat beschränkte Energie erzeugt im Geist selbstsüchtige und zynische Gedanken und all die anderen traurigen Kinder einer gänzlich materialistischen Lebenseinstellung. Daher kommt es, daß bedingungslose Liebe den Geist adelt und Sex als reine Selbstbefriedigung ihn am Ende hinabzieht, da sie die gröbere Natur entwickelt und blind für verfeinerte Wahrnehmung macht.

Lassen sie daher die körperliche Vereinigung ein Ausdruck der Liebe sein. Um sie dazu zu machen, lassen Sie sie nur bei Gelegenheit geschehen, daß heißt, machen Sie sie zu einer besonderen Gelegenheit, zu einem Ereignis.

Diese Art der Mäßigung kann man als natürlich beschreiben. Das wurde in dem tiefschürfenden kleinen Buch von Yoganandas Lehrer, Sri Yukteswar, *Die Heilige Wissenschaft* festgehalten. Der sexuelle Impuls hat einen natürlichen und einen krankhaften Zustand.

Im krankhaften Zustand zieht die sexuelle Begierde wie ein

Fieber übermäßig Energie für sich selbst ab und verlangt ständige Befriedigung. Doch im natürlichen Zustand sucht die sexuelle Begierde nur selten nach einem Ventil.

Der hauptsächliche Grund für den krankhaften Zustand ist, wie Sri Yukteswar erklärt, eine unnatürliche Ernährung: Die Gifte, die dabei enstehen, lagern sich in den unteren Eingeweiden ab und stören die sexuellen Nervenleitungen.*

Der Einfluß der Erziehung

Es gibt andere Gründe neben der Ernährung für unnatürliche sexuelle Erregung. Diese sind nicht in *Die Heilige Wissenschaft* erwähnt, vielleicht weil der Autor, der das Buch 1890 geschrieben hat, nicht mit einer Gesellschaft zu tun hatte, die so sexuell stimuliert war, wie die unsrige. Weil heute die ganze Gesellschaft von der Krankheit der Übermäßigkeit befallen ist, fällt es sogar Menschen schwer, die sonst angemessen essen und leben, sich nicht anstecken zu lassen.

Die heutige Erziehung ist schuld. Denn welcher Beeinflussung sind Kinder durch eine Erwachsenenwelt ausgesetzt, in der kaum eine Reklamefläche, ein Buchumschlag, Film oder eine Fernsehreklame ohne die Gelegenheit auskommt, auf irgendeine Art die Botschaft zu übermitteln: «*Sex ist die Antwort!*»?

Die größte Hoffnung für die Zukunft ist richtige Erziehung. Kindern muß gelehrt werden, den kreativen Impuls weise zu gebrauchen. Es wird ihnen später als Erwachsene leichter fallen, ihre Ehe auf den Boden reifer Grundsätze zu stellen.

Doch für jetzt müssen die meisten Erwachsenen bei ihren

* In seinem Buch *Die Heilige Wissenschaft*, erschienen im O. W. Barth Verlag, – und auch in meinem Heimkurs, *Fourteen Steps to Higher Awareness* – finden Sie Informationen über die natürlichste Ernährung für Männer.

Bemühungen um eine Verfeinerung des Geschlechtstriebs natürlich schrittweise voranschreiten und mit Vernunft. Extreme Bemühungen bei der Selbstkontrolle erschaffen tatsächlich mehr Probleme als sie lösen.

Ich gebe den Rat «eile mit Weile», da ich viele Paare getroffen habe, die, nachdem sie gelesen haben, daß Selbstkontrolle ein Ideal ist, ernste innere Konflikte in bezug auf ihre gemeinsame Beziehung entwickelten. Sie genießen vielleicht den Sexakt als Befriedigung eines körperlichen Bedürfnisses, aber hinterher fühlen sie sich deswegen schuldig.

Sex spiritualisieren

Es ist wichtig einzusehen, daß man körperlichen Abhängigkeiten nicht entkommen kann, wenn man sie verurteilt. Man kann der Sex-Abhängigkeit entkommen, indem man Sex spiritualisiert und schöner macht – mehr zu einer Kommunion von Herz und Seele als zu einer Vereinigung von zwei Körpern, indem man erkennt, daß Sex nicht nur Beischlaf ist: Zur Sexualität gehört auch eine liebevolle Berührung, ein Lächeln, eine zärtliche Umarmung, die gemeinsame Wärme, die keinen anderen Ausdruck braucht, um völlig zu befriedigen.

Sex kann schließlich spiritualisiert werden, indem man lernt, Gott im Sexakt zu sehen, und sich dann stufenweise mehr und mehr auf die reine Liebe konzentriert. Mit anderen Worten sollte es ein inneres Bewußtsein der Freude geben, der Kommunion mit dem Göttlichen in einem selbst und dem Göttlichen im anderen – des Eingebundenseins in die unendlichen Liebe sogar während der körperlichen Liebe.

Stufenweise und mit natürlichen Schritten finden die Menschen so, daß sie keine äußerliche Bestärkung der Liebe brauchen, damit die Liebe in ihren Herzen genauso kräftig strahlt. Tatsächlich ist diese Art die tiefstmögliche, eheliche Liebe.

Doch dieser Punkt der inneren Freiheit wird nie erreicht werden, wenn Sex etwas ist, das man haßt, wegen dem man sich schuldig fühlt und das man unterdrückt.

Wie steht es denn mit einer gänzlich anderen Alternative – Enthaltsamkeit? *Muß* man denn in einer Partnerschaft leben?

Es gibt kein allgemeingültiges Gesetz. Für manche Menschen ist sicherlich die Enthaltsamkeit der direkteste und sicherste Weg zur Freiheit der Seele. Aber ich habe Menschen gesehen, die erst ein keusches Leben führen wollten, später dann aber heirateten und fanden, daß sie erst *nach* der Heirat eine spirituelle Beständigkeit in ihrem Leben erreicht haben.

Es wird immer vom Individuum abhängen, von seinen oder ihren persönlichen Bedürfnissen. Bei wahrer Moral gibt es keine absoluten Gesetze, nur Richtungen. Besonders auf dem Weg des inneren Wachstums sollte jede Anstrengung unternommen werden, Menschen dort abzuholen, wo sie *sind*, und nicht, wo eine abstrakte Regel oder ein Dogma sagt, daß sie sein sollten. Jede Anstrengung sollte unternommen werden, um sie durch natürliche Schritte – immer mit Vernunft – in die Richtung ihrer eigenen endlichen Erfüllung zu entwickeln.

Wenn die Menschen einmal die Ausrichtung verstehen, die die Ehe haben sollte, können sie jeden ihrer Aspekte als Hilfe für ihr spirituelles Wachstum benutzen. Solange sie an einem starken, auf das physische konzentrierten Bewußtsein in der Ehe festhalten, wird es wahrscheinlich viel mehr Ärger, Verletzungen, falsche Erwartungen und Forderungen geben, die viel zu oft der Ruin des Ehelebens sind.

Wenn Sie und Ihr Ehepartner Ihre Beziehung bis zu dem Grad der bedingungslosen Liebe erweitert haben, werden Sie einen wirklichen Zuwachs an gegenseitiger Anziehung erfahren. So wie Sie die Liebe zueinander vervollkommnen, werden Sie erleben, wie eine Art Süße, ein gegenseitiger Respekt und eine Verschmelzung in Ihre Ehe Einzug halten, die für Sie beide eine Quelle ewiger Freude sein wird.

Punkte, die man sich merken sollte

1. Im höchsten Sinne sollte der Vollzug der Ehe als etwas betrachtet werden, das die sexuelle Vereinigung *miteinbezieht*, da sie die Art von Vereinigung verheißt, die in mehr als nur physischer Erfüllung liegt.

2. Bis jedoch die sexuellen Seite der Ehe unter Kontrolle gebracht und Sex eine bloße Befriedigung der Leidenschaft und nicht eine Erfüllung der Liebe ist, müssen die höheren Ziele der Ehe im Unklaren bleiben.

3. Körperliche Liebe ist ein natürlicher Teil des Menschseins. Sie kann wunderschön sein. Sie kann aber auch selbstsüchtig und fordernd und dadurch alles andere als Liebe, sondern nur eine häßliche Vorspiegelung falscher Tatsachen sein.

4. Kein sinnliches Vergnügen kann fortdauernd Freude machen, wenn man es übermäßig auskostet. Positiv ausgedrückt, *alle* sinnlichen Vergnügen werden durch Mäßigung gesteigert.

5. Zwischen «Liebe machen» und «lieben» gibt es eine ganze Palette von Unterschieden. Der wahre Sinn von «lieben» ist, der Zärtlichkeit Ausdruck zu verleihen; der Sexakt sollte kein Ziel an sich sein.

6. Der junge Mensch, der davon überzeugt ist, ohne negative Folgen sexuell überaktiv sein zu können, entdeckt erst Jahre später die ernsteren Symptome seines Selbstmißbrauchs.

7. Junge Männer, die durch häufige sexuelle Aktivität ihre Männlichkeit «beweisen» wollen, würden besser daran tun,

sie auf eine Art zu beweisen, die sie nicht verschwendet, sondern *verstärkt*.

8. Lassen Sie die körperliche Vereinigung ein Ausdruck der Liebe sein. Um sie dazu zu machen, lassen Sie sie nur bei Gelegenheit geschehen, daß heißt, machen Sie sie zu einer besonderen Gelegenheit, zu einem Ereignis.

9. Die größte Hoffnung für die Zukunft ist richtige Erziehung. Kindern muß gelehrt werden, den kreativen Impuls weise zu gebrauchen.

10. Man kann körperlichen Abhängigkeiten nicht entkommen, indem man sie verurteilt. Man kann der Sex-Abhängigkeit entkommen, indem man den Sex spiritualisiert und schöner macht – mehr zu einer Kommunion von Herz und Seele als zu einer Vereinigung von zwei Körpern.

11. So wie Sie die Liebe zueinander vervollkommnen, werden Sie erleben, wie eine Art Süße, ein gegenseitiger Respekt und eine Verschmelzung in ihre Ehe Einzug halten, die für Sie beide eine Quelle ewiger Freude sein wird.

KAPITEL 9

Kommunikation

Spannungen in der Ehe rühren oft von einfacher Fehlkommunikation her. Männer und Frauen sind sich der Tatsache meist nicht bewußt, daß sie auf veschiedene Weisen kommunizieren.

Das folgende Gespräch ist nicht notwendigerweise typisch, aber es erhellt diese Tendenz. Im realen Leben mag die Frau ihre Wünsche sehr offen aussprechen. Trotzdem wird sie in vielen ähnlichen Situationen die Neigung haben, besonders wenn ihre Gefühle sehr sensibel sind, zu indirekt zu sein. Denn während starke Emotionen oft herausplatzten können, brauchen ruhigere normalerweise einen Grad von Zartheit für ihren Ausdruck.

Stellen wir uns eine Frau vor, die am Abend gerne mit ihrem Mann ausgehen würde, sich aber über seine Antwort unsicher ist. Sie würde vielleicht zu ihrem Vorschlag mit einer scheinbaren Bedeutungslosigkeit überleiten. «Bob und Betty», gibt sie bekannt und bezieht sich auf ein Paar, das sie beide kennen, «gehen jede Woche ins Kino».

Männer sind mehr prosaisch gesinnt, denn die genaue Wortbedeutung ist ein Wahrzeichen des logischen Denkens. Es ist nicht so sehr, daß Männer gegen eine sanftere Annäherung an das Thema immun wären, sondern sie sind vielmehr blind dafür. Daher wird der Ehemann der Frau vielleicht überhaupt nicht verstehen, um was es geht. Wenn er sich die Mühe macht, auf diese scheinbar oberflächliche Bemerkung seiner Frau zu antworten, wird er wohl geistesabwesend murmeln: «Das ist nett, Liebling.» An diesem Punkt wird seine Frau, wenn sie den Re-

geln gehorcht, ihn durch ihre Tränen in Erstaunen versetzen und sagen, «Oh, du gehst nie mit mir aus!»

Ihr Ehemann starrt sie erstaunt an. Was für eine vollkommene Unlogik! Und er fragt sich, ob wohl alle Frauen so gänzlich unvernünftig sind.

Männer sind mehr an Begriffen orientiert – vielleicht zu sehr. Wenn ein Mann ausgehen will, ist es sehr wahrscheinlich, daß er es einfach sagt und auf den Kommentar seiner Frau zu diesem Thema wartet. Es wird ihm nicht in den Sinn kommen, daß seine Frau aus seiner einfachen Erklärung ableiten könnte, er wolle ihr seinen Willen aufzwingen.

«Warum hat er mich nicht *gefragt*?», wird sie später vor ihren Freundinnen klagen und mit dieser Episode rechtfertigen, daß sie ihre Ehe als Unterdrückung empfindet. In der Zwischenzeit würde sie vielleicht ihrem Mann nichts sagen und stattdessen die «Verletzung» tief in sich aufnehmen, wo sie sie zu einem Geschwür werden läßt, das dann Wochen oder Monate später beim kleinsten Anlaß ausbricht, gewöhnlich bei einer Gelegenheit, die nichts mit dem tatsächlichen Mißverständnis zu tun hat.

Wenn dann schließlich der Mann mit dieser Episode konfrontiert und für seinen «Mangel an Einfühlungsvermögen» verurteilt wird, starrt er sie überrascht an. «Nun», fordert er, «warum hast Du nicht sofort *gesagt*, was Du wolltest? Ich hätte mit Deinen Wünschen glücklich leben können!»

Die Frau ist gewöhnlich zurückhaltender im Ausdruck ihrer Gefühle. Sie findet es leichter, einen Wunsch indirekt zu äußern. *Wie sonst* hätte sie seine allgemeine Erklärung als Ausdruck des Versuchs, ihre eigenen Interessen gänzlich zu unterdrücken, verstehen können?

Und nachdem der Ehemann sein Interesse zum Ausdruck gebracht hat, ist er ganz und gar gewillt, auf alle Ansichten, die sie zum Thema hätte – ob dafür oder dagegen – einzugehen. *Wie sonst* hätte er das Gespräch aufnehmen können, als klar und ohne Aggressionen seiner Zuneigung Ausdruck zu geben, und

dadurch zu einer vernünftigen Diskussion über mögliche Alternativen einzuladen?

Männer, die im Kommunikationstraining waren, werden natürlich gelernt haben, ihre Feststellung bei der Eröffnung des Gespräches sorgfältiger zu formulieren. Vielleicht werden sie sagen: «Es läuft ein guter Film in der Stadt. Hast du Lust?» Der Trick scheint darin zu liegen, die Gefühle der Frau anzusprechen, ohne die eigenen mit ins Spiel zu bringen. Denn sie wird dann annehmen, daß der Mann dabei eine bestimmte Empfindung hat, auch wenn dem nicht so ist.

Nur selten allerdings begegnen Männer den Gefühlen ihrer Frauen auf der Gefühlsebene, außer sie gehören zu dem einschüchternden Typ von Mann – in diesem Fall kann man sie aber für jede Verfeinerung von Gefühl und Verstand aufgeben. Wenn der gewöhnliche Mann eine Gegenposition einnimmt, tut er es öfter mit den Waffen des Verstands.

Beide Geschlechter müssen aufpassen, daß sie ihre speziellen Fähigkeiten nicht zur Unterdrückung einsetzen. Frauen dürfen keine Zuflucht zur emotionalen Erpressung nehmen. (Männern, die diese Taktik versuchen, gelingt es in der Regel nur, kindisch zu wirken.) Und Männer dürfen Logik nicht unbarmherzig gebrauchen, um eine Einigung mit Widerwillen zu erzwingen. Logik sollte dazu verwandt werden, zu der Wahrheit einer Situation zu gelangen. Jeder, ob Mann oder Frau, der sie nur benutzt, um einen Sieg zu verzeichnen, handelt unter dem Einfluß der Emotion und nicht unter dem der Vernunft.

Auch kulturelle Unterschiede schaffen oft Mißverständnisse. Ich erinnere mich an einer Party vor Jahren einer italienischen Dame einen Teller mit Teegebäck angeboten zu haben. «Nein, danke», sagte sie.

Ich gab den Teller natürlich (aus meiner Sicht der Dinge) an die nächste Person weiter. Da hörte ich sie einem Freund zuflüstern: «Warum hat er mich übergangen? Ich bin hungrig!»

Sie wollte nur höflich sein. Gemäß ihren gesellschaftlichen

Gebräuchen hätte ich mein Angebot wiederholen müssen und freundlich darauf bestehen.

Frauen sind mehr geneigt, den Verstand gänzlich abzulehnen, falls ihre Gefühle nicht einen Hang zur Logik haben. Auf der anderen Seite neigen Männer dazu, Gefühle allgemein zurückzuweisen, *außer* sie unterstützen diese Neigung.

Wie Sie sehen, gibt es bei der Kommunikation zwischen den Geschlechtern viel Raum für Mißverständnisse. Beide, Männer und Frauen, suchen wohl manchmal die Gesellschaft des eigenen Geschlechts einfach nur deswegen, um sich der eigenen geistigen Gesundheit zu versichern. Abgesehen von der Motivation durch höhere Ideale ist es auch aus anderen Gründen leicht einzusehen, warum Männer und Frauen in Klöster eintreten, und schwer zu begreifen, warum in den letzten Jahrzehnten so viele Klöster verwaisten.

Spaß beiseite: Ich denke, daß Kommunikation zwischen den Geschlechtern nicht nur eine Kunst ist, die um der heimischen Harmonie willen entwickelt werden muß. Sie ist auch ein notwendiges Werkzeug, um den eigenen Charakter zu vervollkommnen. Daher können die verschiedenen Weisen, wie Männer und Frauen ihre Gedanken und Wünsche signalisieren, beide Seiten empfänglicher für die jeweils ergänzende Art des Denkens und Fühlens machen. Ohne diese Balance hätte jeder nur eine beschränkte Fähigkeit, sich selbst zu verstehen.

Den Kommunikationsabgrund überbrücken

Hier ein paar Tips, um Männern und Frauen zu helfen, eine bessere Kommunikation in ihrer Partnerschaft zu entwickeln:

Zeigen Sie Annerkennung, wenn Sie sie fühlen.

Nehmen Sie die Aufmerksamkeit Ihres Partners für Ihre Anerkennung nicht als sicher. Manche Menschen setzen Anerken-

nung mit Schmeichelei gleich oder meinen, daß sie klug erscheinen, wenn sie das Lob zurückhalten, bis es *wirklich* verdient ist. Im Namen der Ernsthaftigkeit vermitteln sie ungewollt einen gänzlich anderen Eindruck: Gleichgültigkeit.

Ich habe viele Freunde in Deutschland. Zufällig habe ich bemerkt, daß einige von ihnen meinen, der beste Weg ihre Ernsthaftigkeit zu beweisen sei, sich kritisch zu zeigen. Es ist ein kulturelles Charakteristikum, aber eins, an das man sich leicht gewöhnt. Menschen, die anders aufgewachsen sind, könnten diese Haltung nicht als freundliches Interesse, sondern als verdeckte Feindseligkeit sehen.

Die wichtigste Regel bei der Kommunikation ist, sich selbst in die Lage des anderen zu versetzen. Fragen Sie sich nicht, «wie kann ich mich am besten erklären?». Fragen Sie lieber, «wie wird die andere Person am besten verstehen, was ich sagen will?».

Annerkennung ist oft eine wichtigere Botschaft als eine genaue Beurteilung. Niemand will schließlich das Gefühl haben, daß jeder Tag daheim so ist, als ob man in einer Prüfung sitzt.

Nehmen Sie das Verständnis Ihres Partners niemals als selbstverständlich an.

Es gibt besonders in nahen Beziehungen die menschliche Neigung, zuviel Verständnis vorauszusetzen.

– Setzen Sie keine telephatische Verständigung voraus, auch wenn Sie sie manchmal haben.
– Setzen Sie keinen gemeinsamen Geschmack voraus. Machen Sie Ihrem Partner lieber das Kompliment, nicht jeden seiner oder ihrer Wünsche im voraus zu wissen. (Niemand wird gerne in eine Kategorie gestopft.) Wenn Sie zeigen, daß Sie eine bestimmte Antwort voraussehen, machen Sie Ihre Voraussicht zu einem Zeichen der Freude über den Besitz dieser intimen Kenntnis, und nicht zu einer gähnenden Annahme, daß Ihr Partner völlig berechenbar ist.

- Setzen Sie nicht voraus, daß die andere Person weiß, wie Sie fühlen, einfach weil er oder sie es wissen *müßte*. Sonst macht Fehlkommunikation der Nicht-Kommunikation Platz.
- Nehmen Sie an, daß Ihr Partner ein *Verlangen* nach Kommunikation und Verständnis hat.

Hören Sie der anderen Person wenigstens so oft zu, wie Sie wünschen, daß sie Ihnen zuhört.
In der Ehe sieht man viele schweigende Partner. Meine Beobachtung sagt mir, daß dies oft eine Folge davon ist, daß der Schweigende durch Worte in die Nicht-Kommunikation getrieben wurde. Seien Sie nicht so überschwenglich in Ihrem Verlangen nach Kommunikation, daß Sie wie ein Hurrikan werden, der alles vor sich herbläst.

Bestehen Sie bei keiner Meinungsverschiedenheit darauf, das letzte Wort zu haben.
Erinnern Sie sich bei allen Meinungsverschiedenheiten daran, daß die Wahrheit der höchste Schiedsrichter ist. Wahrheit gewinnt am Ende immer. Ihrem Partner das letzte Wort zu geben – liebevoll, nicht sarkastisch – ist in sich selbst eine Art Sieg.

Spielen Sie nie Machtspiele
«Warum sagst Du nicht etwas?»
  Schweigen
«Bist Du böse auf mich?»
  (Nase nach oben) «Überhaupt nicht!»
«Na komm schon, habe ich etwas falsch gemacht?»
  «Du *weißt*, was Du getan hast.»
Diese Art Spiel kann ohne Ende sein. Der einzige Zweck ist, den Fragesteller in die Defensive zu drängen. Die Erklärung mag mit der persönlichen Unsicherheit zu tun haben, aber in der *Realität* ist es ein Versuch, Macht über eine andere Person zu gewinnen und ihr ein Gefühl der Unsicherheit aufzudrängen.

Warum? Dieses Machtspiel ist erniedrigend für das, was die Würde der Liebe sein sollte.

Selbst wenn Sie sich geringschätzig behandelt fühlen, bewahren Sie eine würdige Haltung – nicht indem Sie Ihrem Partner zeigen, wie großherzig *Sie* sind, sondern durch völliges Annehmen und Respekt.

Sie haben es nicht nötig so zu reagieren, wie andere Sie behandeln. Leben Sie aus Ihrem göttlichen Zentrum heraus und verbeugen Sie sich in stillem Respekt vor dem der anderen – besonders vor dem Ihres Mannes oder Ihrer Frau.

Vermeiden Sie es wenn möglich, negative Emotionen auszusprechen.

Yogananda pflegte zu sagen: «Der Mund ist die Kanone und die Worte, die aus ihm kommen, sind die Kugeln. Viele kostbare Freundschaften sind durch wenige gedankenlose Worte zerstört worden.»

Nur selten kann eine Person unter dem Einfluß von Emotionen klar darlegen, was sie wirklich meint, auch wenn ihre Ausführungen in der Hitze des Moments sehr beredt sind. Denn selbst wenn die Worte gut gewählt sind, die Augen, der Gesichtsausdruck, die Gesten – sie alle erzählen eine andere Geschichte. Und selbst wenn diese sorgfältig im Griff gehalten werden, um Ruhe auszudrücken, spielt der Ton der Stimme den Verräter.

Wenn Sie Ihren Emotionen mit einer übelgesinnten Rede Luft machen, werden Sie ihre Worte später bedauern. Oder wenn Sie sogar gefallen an ihnen finden und das Gefühl haben, daß sie oder er sie verdient hat, werden sie die Geschichte bereuen, wenn sie die Folgen für Ihre Partnerschaft entdeckt haben.

In dem Roman *Love Story* gibt es eine berühmte Definition von Liebe: «Liebe muß niemals sagen, es tut mir leid.» Das Schöne an diesem Satz ist, daß er auf eine Beziehung anspielt, in der Respekt und Rücksichtnahme immer als Ideale hochgehal-

ten werden. In der realen Liebe gibt es natürlich viele Momente, in denen man ein Bedürfnis fühlt zu sagen: «Es tut mir leid.» Denn Liebe ist ein wachsender Prozeß; sie kommt nicht an der Schwelle der Hochzeit ganz entfaltet und vollkommen an.

Es liegt sogar eine gewisse Schönheit und Zärtlichkeit darin, wenn man die Aussöhnung sucht, indem man der anderen Person sagt, «es tut mir leid». Doch wird eine Jacke bald dünn, wenn man sie zu oft trägt. Verhalten Sie sich so oft wie möglich derart, daß Sie es später nicht bedauern müssen.

Stoppen Sie immer, wenn Sie sich aufgebracht fühlen. Warten sie wenn möglich, bis die Ruhe wieder auf ihren Thron zurückgekehrt ist. Lassen Sie Ruhe und nicht Emotionen herrschen, und Sie sind immer Herr(in) über Ihr inneres Königreich.

Vor allem in der Ruhe werden Sie Ihre *wirkliche* Botschaft vermitteln können, die unter Ihrer momentanen Wut liegt. Dann sogar, wenn Sie einer Beschwerde Luft machen müssen, wird ihr Partner, wenn er oder sie einfühlsam ist, die zusätzliche Botschaft erhalten: «Ich liebe dich wirklich.»

Lernen Sie, das Schweigen gemeinsam zu genießen.
Machen Sie Ihr Schweigen mitteilsam und lassen Sie es nicht Unterbrechungen im Gespräch sein. Lernen Sie, Ihren Partner mit psychischen Fingern, wenn es sie gäbe, zu erreichen. Liebe erreicht Vollendung in völliger Stille.

Achten Sie auf den Klang Ihrer Stimme
Haben Sie je bemerkt, wie der Klang ihrer Stimme sofort ihren psychischen oder emotionalen Zustand widerspiegelt? Jesus Christus sagte: «Der Mund spricht aus der Fülle des Herzens.» Ich habe mich oft gefragt, ob er damit nicht auch den Klang der Rede eines Menschen miteinbezieht.

Denn die geringste Stimmungsveränderung verrät sich selbst sofort. Ärger verursacht eine Anspannung der Stimmbänder. Liebe entspannt sie. Zärtlichkeit, gute Laune, Stolz, Begeiste-

rung, Belustigung, Schwäche, Stärke – all das und noch viel mehr spiegelt sich sofort in einer Veränderung des Klangs in Ihrer Stimme wider. Wenn Sie diesen feinen Unterschiede noch nicht bemerkt haben, hören Sie das nächste Mal, wenn Sie oder jemand anderes redet, sorgsam darauf. Indem sie einfach den Klang ihrer Stimme ändern, können Sie tatsächlich eine negative Haltung verändern.

Ich habe oft gedacht, daß Gesangslehrer den größten Teil der wahren Lehre bei diesem Thema unausgesprochen lassen, wenn sie ihren Schülern sagen, daß sie nur das Stimmvolumen ihres Körpers entwickeln. Unter diesem Aspekt kann man den Körper nur dazu gebrauchen, einen lauten Ton zu erzeugen, und dadurch einen Konzertsaal zu füllen. Diese Fähigkeit ist nicht mehr wirklich notwendig, da höchst ausgeklügelte Mikrophone und Lautsprechersysteme die menschliche Stimme so gut wiedergeben können. Es ist ein Problem bei der Operntechnik, daß es so schwierig ist, laut zu tönen und sogar noch melodiös und gleichzeitig die feinen Abstufungen von Denken und Fühlen zum Ausdruck zu bringen.

In einem Konzertsaal ist es ohne Programm nicht immer leicht zu sagen, ob der berühmte Opernsänger gerade eine Liebesballade ertönen läßt oder die Truppen mit einem Marschlied bei den Waffen vesammelt. In beiden Fällen ist es nötig zu schreien, um in der letzten Reihe gehört zu werden. (Und Mitleid für die arme Heldin, in deren Ohr er seine Liebesballaden dröhnen muß und damit die Eintracht zerstört.)

Es gibt einen feineren «Resonanzkörper» als den physischen Körper. Er besteht aus gewissen Energiezentren im Körper. Liebe beispielsweise geht von der Wirbelsäulenregion hinter dem Herzen aus. Konzentrieren Sie sich darauf und Sie werden erfahren, daß Sie der Liebe, die Sie fühlen, einen besseren stimmlichen Ausdruck geben können. Ruhe geht von der Nackengegend direkt hinter dem Kehlkopf aus.

Willenskraft und Freude gehen von der Stirn, zwischen den

Augenbrauen, aus. Deswegen blicken die Menschen düster, wenn sie ihrer Willenskraft Ausdruck geben oder heben ihre Augenbrauen, wenn sie Freude empfinden.

Versuchen Sie sich auf die Energie ihrer Stimme in der Gegend des Herzens zu konzentrieren. Heben Sie den Klang durch die Nackengegend bis zum Gehirn und dann durch die Stirn nach draußen.

Ich wünschte, ich könnte hier tiefer auf diese Lehre eingehen. Doch der einzige Weg ist der persönliche Unterricht. Andererseits kann man auch einiges davon aufnehmen, wenn man sich die Tonbandaufnahmen meiner Stimme anhört, die vielleicht mein lebenslanges Studium dieses Themas widerspiegeln.

Merken Sie sich zusammenfassend, daß die Art, in der Sie etwas sagen, genauso wichtig ist wie das, *was* Sie sagen.

Lernen Sie, mehr mit Ihren Augen zu sprechen.

Vor kurzem interviewte mich ein Reporter der *Washington Post.* Es brachte mich beinahe aus der Fassung, da ich nicht fähig war, ihn im Augenkontakt zu behalten.

Niemand mag es, sich mit einer sprechenden Maske zu unterhalten. Die Augen werden treffend als die Fenster der Seele bezeichnet. Aber Menschen, die nicht *mit* ihren Augen *denken,* während sie sprechen – oft aus keinem anderen Grund als der Tatsache, daß sie Brillen tragen und gewohnt sind, sich dahinter zu verstecken – berauben sich selbst um die Hälfte ihrer natürlichen Kommunikationsmittel.

Machen Sie den Ausdruck Ihrer Augen zu einem Teil der Sprache, die sie für Ihre Kommunikation einsetzen. Senden Sie Energie durch sie – die Energie, die Sie zum Ausdruck bringen wollen. Sagen Sie Ihren Augen, sie sollen an allen positiven Gefühlen teilnehmen, die Sie in sich tragen.

Haben Sie realistische Erwartungen voneinander.
Erwarten Sie keine Vollkommenheit von Ihrem Partner. Fehlerhaftigkeit ist der menschlichen Rasse eigen. Akzeptieren Sie Ihren Partner, so wie er ist, und nicht wie Sie ihn oder sie gerne hätten. Nur durch Erkennen und Akzeptieren der Realität haben wir eine Hoffnung, andere Menschen dazu zu inspirieren, sich zum Besseren zu wandeln.

Machen Sie Höflichkeit zu einer Normalität in Ihrem Selbstausdruck.
Menschen denken bei Höflichkeit zu oft an «gesellschaftliche Manieren». Ganz im Gegenteil. Wahre Höflichkeit ist einfach ein Zeichen der Rücksichtnahme. Sie ist Ausdruck für ein würdevolles Wesen, das ruhig in sich selbst zentriert ist. Höflichkeit ist ein Zeichen von Respekt und Respekt ist ein wichtiger Teil der Liebe.

Seien Sie zögerlich im Urteilen und immer schnell im Vergeben.
Sehr oft gibt es eine völlig gerechtfertigte Erklärung für das, was man gesagt oder getan hat. Versuchen Sie, Ihrem Partner in den Genuß eines Zweifels zu bringen.

Sind andererseits Ihre Hände «unschuldig rein»? «Geheiligt sind die, die vergeben», sagte Jesus, «denn ihnen wird vergeben werden.»

Wenn Sie sich jemals ungerecht behandelt fühlen und mit Wut reagieren, nur um zu erfahren, daß Ihre Einschätzung der Situation falsch war, geben Sie Ihren Irrtum sofort zu. Erlauben Sie sich auf keinen Fall, weiterhin an einen Irrtum gebunden zu sein.

Noch einmal, wenn Ihr Partner etwas wiedergutmachen will, tun Sie Ihr Bestes, großherzig zu sein. Wenn Sie fortfahren mit Ihrem Ärger wie mit einer Keule zu fuchteln oder sich selbst in den Mantel der Wut hüllen, offenbaren Sie eine Verbundenheit mit dem Ärger, die weit hinter Ihrem Heiratsversprechen

zurückbleibt. Er wird dann eher zum Eingeständnis, daß Sie ein eheliches Machtspiel gespielt haben und daß Sie darin eine Niederlage erlitten haben. Erkennen Sie, was Sie da gerade tun, lachen Sie innerlich herzlich darüber und geben Sie das Spiel auf.

Punkte, die man sich merken sollte

1. Spannungen in der Ehe rühren oft von einfacher Fehlkommunikation her. Männer und Frauen sind sich der Tatsache meist nicht bewußt, daß sie auf verschiedene Weisen kommunizieren.

2. Während starke Emotionen oft herausplatzten können, brauchen ruhigere normalerweise einen Grad von Zartheit für ihren Ausdruck.

3. Männer sind mehr prosaisch gesinnt, denn die genaue Wortbedeutung ist ein Wahrzeichen des logischen Denkens.

4. Beide Geschlechter müssen aufpassen, daß sie ihre speziellen Fähigkeiten nicht zur Unterdrückung einsetzen. Frauen dürfen keine Zuflucht zur emotionalen Erpressung nehmen. Und Männer dürfen Logik nicht unbarmherzig gebrauchen, um eine Einigung mit Widerwillen zu erzwingen.

5. Frauen sind mehr geneigt, den Verstand gänzlich abzulehen, falls ihre Gefühle nicht einen Hang zur Logik haben. Auf der anderen Seite neigen Männer dazu, Gefühle allgemein zurückzuweisen, *außer* die Gefühle unterstützen diese Neigung.

6. Kommunikation zwischen den Geschlechtern ist nicht nur eine Kunst, die um der heimischen Harmonie willen ent-

wickelt werden muß. Sie ist auch notwendig als Mittel, um den eigenen Charakter zu vervollkommnen.

7. Zeigen Sie Annerkennung, wenn Sie sie fühlen. Anerkennung ist oft eine wichtigere Botschaft als die genaue Beurteilung. Niemand will schließlich das Gefühl haben, daß jeder Tag daheim so ist, als ob man in einer Prüfung sitzt.

8. Setzen Sie keine telephatische Verständigung voraus, auch wenn Sie sie manchmal haben.

9. Setzen Sie keinen gemeinsamen Geschmack voraus. Machen Sie Ihrem Partner lieber das Kompliment, nicht jeden seiner oder ihrer Wünsche im voraus zu wissen.

10. Setzen Sie nicht voraus, daß die andere Person weiß, wie Sie fühlen.

11. Nehmen Sie an, daß Ihr Partner ein *Verlangen* nach Kommunikation und Verständnis hat.

12. Hören Sie der anderen Person wenigstens so oft zu, wie Sie wünschen, daß sie Ihnen zuhört.

13. Bestehen Sie bei keiner Meinungsverschiedenheit darauf, das letzte Wort zu haben. Ihrem Partner das letzte Wort zu geben – liebevoll, nicht sarkastisch – ist in sich selbst eine Art Sieg.

14. Spielen Sie nie Machtspiele. Selbst wenn Sie sich geringschätzig behandelt fühlen, bewahren Sie eine würdige Haltung – nicht indem Sie Ihrem Partner zeigen, wie großherzig *Sie* sind, sondern durch völliges Annehmen und Respekt.

15. Vermeiden Sie es wenn möglich, negative Emotionen auszusprechen.

16. Lernen Sie, das Schweigen gemeinsam zu genießen. Machen Sie Ihr Schweigen mitteilsam und lassen Sie es nicht Unterbrechung im Gespräch sein.

17. Achten Sie auf den Klang Ihrer Stimme. Merken Sie sich, daß die Art, in der Sie etwas sagen, genauso wichtig ist wie das, was Sie sagen.

18. Lernen Sie, mehr mit den Augen zu sprechen. Niemand mag es, sich mit einer redenden Maske zu unterhalten.

19. Haben Sie realistische Erwartungen voneinander. Erwarten Sie keine Vollkommenheit von Ihrem Partner. Fehlerhaftigkeit ist der menschlichen Rasse eigen.

20. Machen Sie Höflichkeit zu einer Normalität in Ihrem Selbstausdruck.

21. Seien Sie zögerlich im Urteilen und immer schnell im Vergeben.

KAPITEL 10

Die Räder gut geschmiert halten

Das Maschinenzeitalter hat uns viele großartige Metaphern beschert. Poetische Gemüter mögen ihre Seelenlosigkeit beklagen, aber gibt es eine bessere Metapher für geschmeidige Beziehungen als ein gut geschmiertes Rad? Und was paßt besser für Beziehungen, in denen es grauenhaft knirscht, als daß die Räder dringend geschmiert werden müssen?

Zugegeben, Schmierfett fehlt eine gewisse poetische Anmut, wenn man es in Zusammenhang mit ehelicher Wonne gebraucht. Trotzdem, wir alle haben schon die Freude einer reibungslosen Fahrt genossen.

Es ist in jeder Beziehung wichtig und natürlich in der Ehe besonders, sorgfältig auf den täglichen Fluß der Energie zu achten. Es ist beispielsweise wichtig, die Bedeutung des äußeren Ausdrucks der Liebe zu verstehen, die Sie innerlich empfinden, – sogar dann, wenn der Ausdruck angesichts Ihrer Gefühle oberflächlich und überflüssig erscheint.

Gegenseitige Loyalität

Die wahre Grundlage jeder Ehe ist gegenseitige Loyalität. Treue kann auf viele Arten ausgedrückt werden. Der wesentliche Punkt ist, daß sie niemals für selbstverständlich genommen wird.

Versuchen Sie beispielsweise nicht, Ihrem Partner «eins auszuwischen», indem Sie ihm oder ihr vor Freunden widerspre-

chen. Ich habe tatsächlich Paare gesehen, die sich vor ihren Gästen gegenseitig der Lächerlichkeit preisgegeben haben. Wahrer Humor ist natürlich harmlos, aber es ist nicht lustig, wenn Ihre Worte einen Widerhacken haben. Wenn es wirklich Meinungsverschiedenheiten zwischen Ihnen gibt, ist es besser, sie im Privaten auszusprechen.

Versuchen Sie andererseits auch nicht, andere heuchelnderweise mit einer Harmonie zu beeindrucken, zu deren Zustandekommen Sie daheim im Privaten nichts tun.

Treue sollte eine im Herzen gefühlte Verbindung sein; äußeres Vorzeigen dieser inneren Bindung ist von zweitrangiger Bedeutung. Und doch *ist* das Zeigen von Bedeutung, denn es ist das Öl, das sicherstellt, daß die Räder Ihrer Beziehung sich ohne zu quietschen drehen.

Ein Zeichen von Loyalität wird durch den Treueschwur ausgedrückt, den ich für eine Hochzeitszeremonie geschrieben habe.* Der Treueschwur lautet: «Ich will niemals mit Dir wetteifern.» Es geht nicht darum, daß gutgesinntes Wetteifern falsch wäre. Es kann tatsächlich Freude machen und sogar Ihre Beziehung stärken, wenn man ihm eine gewisse Leichtigkeit und Humor verleiht. Doch ernsthafter Wettstreit ist eine andere Sache. Lassen Sie Ihre Ehe nie zu einem Schlachtfeld werden, wo der eine einen Machtvorteil über den anderen sucht.

Den Partner akzeptieren

Ein anderer Punkt, den man sich merken sollte, ist dieser: *Kritik ist zersetzend.*

Ich habe dazu einmal in einem Buch die Worte gelesen: «Frauen heiraten mit dem Gedanken, ‹Er wird sich ändern›.

* Der vollständige, englische Text der Hochzeitszeremonie ist auf Anfrage beim Verlag erhältlich. Adresse siehe Seite 154.

Männer heiraten mit dem Gedanken, ‹Sie wird sich nicht ändern›. Beide sind zur Enttäuschung verdammt.» In diesen Worten liegt viel Weisheit.

Lernen Sie Ihren Partner so zu akzeptieren, wie er oder sie ist. Versuchen Sie nicht, Ihre Vorstellungen, von dem was richtig oder falsch ist, *aufzudrängen*. Der beste Weg eine andere Person zu ändern ist, sie dazu zu inspirieren, sich verändern zu *wollen*. Der beste Weg Menschen zur Veränderung zu inspirieren ist, sie in ihren starken Seiten zu ermutigen, und nicht, sie durch das ständige Herumreiten auf ihren Schwächen zu entmutigen. Und der beste Weg sie in ihren Stärken zu ermutigen ist, selbst darin stark zu sein.

Es gibt da eine reizende Geschichte über Mahatma Gandhi. Eine Mutter in Begleitung ihres Sohnes fragte einmal Gandhi, ob er dem kleinen Jungen nicht sagen könne, er solle nicht so viele Süßigkeiten essen. Der Ratschlag des Führers der Inder würde schließlich ernstgenommen werden!

«Fragen Sie mich in einer Woche noch einmal», antwortete der Mahatma.

Eine Woche später kam die Mutter, einmal mehr in Begleitung ihres Sohnes, wieder zu ihm. Dieses Mal wendete sich Gandhi an den Jungen und sagte: «Iß nicht so viele Süßigkeiten.»

Die Frau war erstaunt. Warum hatte er für diese einfache Aussage eine so lange Vorbereitung gebraucht?

«Hätten Sie ihm das nicht schon vor einer Woche sagen können?» fragte sie.

«Nein», antwortete Gandhi. «Sehen Sie, vor einer Woche habe ich selbst Süßigkeiten gegessen.»

Die Notwendigkeit von Kompromissen

Was nun, wenn Sie statt zu kritisieren selbst kritisiert werden? Denken Sie nach, wenn Sie bemerken, daß irgendein Verhalten

oder eine Angewohnheit von Ihnen Ihrem Partner nicht gefällt. Schauen Sie, ob es nicht etwas ist, das Sie verändern wollen. Warum keinen Kompromiß schließen, solange Ihre Grundsätze nicht verletzt werden?

Die Notwendigkeit von Kompromissen ist eines der ersten Dinge, die man in der Ehe akzeptieren muß. Viele Menschen betrachten jeden Kompromiß als «Ausverkauf» – als Preisgabe von Werten und Grundsätzen. Dies ist selten der Fall. Sich zu weigern, die eigene Persönlichkeit den Anforderungen oder Erwartungen anderer oder den Erfordernissen der Umstände anzupassen, ist dickköpfig. Einige Menschen mystifizieren sogar ihre Dickköpfigkeit. Sie halten sich selbst für einen der felsenfesten, verschlossenen und durchwegs unangenehmen Romanhelden. Doch sogar Felsen zerfallen mit der Zeit. Selbstgefälligkeit ist der Tod der Weisheit, wie Yogananda bemerkte.

Ein Kompromiß ist nicht leicht. Und doch ist es der einzige Weg, zu wachsen und reif zu werden. Kompromißbereitschaft ist der einzige Weg, um ausgeglichen, zuvorkommend und weise zu werden.

Fragen Sie sich zuerst selbst, «was kann ich tun, um mich selbst zu ändern?» wenn Mißverständnisse auftauchen. Einer anderen Person bei ihrer Entwicklung zu helfen ist edel und großzügig. Aber sich für die Entwicklung einer anderen Person *verantwortlich* zu fühlen, fügt der eigenen Bürde eine untragbare Last hinzu.

Ratschläge geben?

Wann immer Sie sich veranlaßt fühlen eine Änderung im Verhalten Ihres Partners vorzuschlagen, konzentrieren Sie sich nicht auf *Ihr* Bedürfnis, einen Vorschlag zu machen, sondern auf das Bedürfnis Ihres Partners *und* seine Bereitschaft, ihn anzunehmen. Haben Sie Respekt vor dem Recht Ihres Partners, auf

seine eigene Weise zu wachsen. Denn jeder von uns braucht die Freiheit, eigene Fehler zu machen. Über andere zu sehr zu wachen beraubt sie der Gelegenheit, Erfahrungen im Leben zu machen und dadurch in Weisheit zu wachsen.

Wenn Sie irgendjemanden beraten, ist es hilfreich, sich zu sagen: «Niemand schuldet es mir, meinen Rat anzunehmen.» Freuen Sie sich lieber, wenn irgendetwas von dem, was Sie sagen, als wertvoll aufgenommen wird. Geben Sie, mit anderen Worten, anderen die Freiheit, auf ihre Weise und in ihrer Geschwindigkeit zu wachsen. Ist es nicht das, was Sie selbst auch wollen?

Seien Sie niemals besitzergreifend. Eine Heiratsurkunde ist keine Besitzurkunde. Besitzenwollen kann wie eine Schlingpflanze sein, die das Leben aus dem Baum preßt, um den sie sich rankt. Eine Pflanze gedeiht am besten, wenn sie freien Zugang zu Luft und Sonnenlicht hat. Ähnlich brauchen auch menschliche Wesen die «Luft» der Freiheit, wenn sie ihre eigenen Einsichten entwickeln sollen, und das «Sonnenlicht» der inneren Inspiration, wenn sie intellektuell erworbenes Wissen in reife Weisheit umwandeln sollen. Ohne die Freiheit in sich selbst zu wachsen und nach der eigenen Wahrnehmung der Realität zu leben, sind Sie Ihrer Unversehrtheit beraubt und Ihre Persönlichkeit wird erstickt.

Erinnern Sie sich an den feinen Magnetismus zwischen Ihnen

Wenn wir oberflächlich von außen das Leben betrachten, definieren wir unsere Beziehungen durch kleine Einzelheiten: Die tägliche Routine, die Freizeit – Mahlzeiten, Fernsehen, überaktive Ferien. Es ist aus dieser Perspektive leicht, die unaussprechliche Wirklichkeit zu übersehen: Der feine Magnetismus, den Sie und Ihr(e) Partner(in) gemeinsam haben, der Sie beispielsweise am Anfang gegenseitig angezogen hat.

Ein Cartoon im *New Yorker* hat es einmal gut getroffen: Eine Wohnung in einem Mietshaus; der Putz bröckelt von den Wänden, die in der Küche aufgespannten Leinen sind mit Wäsche vollgehängt; zwei kleine Jungen rennen durch den Raum und spielen Cowboy und Indianer; eine verstörte Frau, an deren Rock auf beiden Seiten zwei kleinere Kinder zerren, bügelt bei der Spüle Kleider. Beim Fenster sitzt ihr Mann im Unterhemd und spielt Posaune. Die Frau unterbricht sich einen Moment und schreit: «Kannst Du bitte etwas anderes spielen als ‹Oh süßes Geheimnis des Lebens›?»

Der Dichter Wordsworth sagte es etwas wohlklingender: «Die Welt ist uns zu nah.»

Lassen Sie nie Akkorde der Routine die Melodie Ihrer Liebesbeziehung verdunkeln. Halten Sie immer das Bewußtsein des Magnetismus lebendig, an dem Sie beide teilhaben. Es ist eine feine Kraft, die nur allzuleicht in der Geschäftigkeit des täglichen Lebens vergessen geht. Halten Sie immer mal wieder inne, um die ruhigen Momente zu genießen, wenn sie sich zwischen Ihnen einstellen.

Punkte, die man sich merken sollte

1. Verstehen Sie die Bedeutung des äußeren Ausdrucks der Liebe, die Sie empfinden – sogar dann, wenn der Ausdruck angesichts Ihres Gefühls oberflächlich und überflüssig erscheint.

2. Die wahre Grundlage jeder Ehe ist gegenseitige Loyalität.

3. Erinnern Sie sich immer daran: *Kritik ist zersetzend.*

4. Lernen Sie Ihren Partner so zu akzeptieren, wie er oder sie ist. Versuchen Sie nicht, Ihre Vorstellungen, von dem was richtig oder falsch ist, *aufzudrängen.*

5. Der beste Weg andere zu ändern ist, sie dazu zu inspirieren, sich verändern zu *wollen*.

6. Der beste Weg Menschen zur Veränderung zu inspirieren ist, sie bei ihren starken Seiten zu ermutigen, und nicht, sie durch das ständige Herumreiten auf ihren Schwächen zu entmutigen.

7. Der beste Weg andere in ihren Stärken zu ermutigen ist, selbst darin stark zu sein.

8. Die Notwendigkeit von Kompromissen ist eines der ersten Dinge, die man in der Ehe akzeptieren muß. Sich zu weigern, die eigene Persönlichkeit den Anforderungen oder Erwartungen anderer oder den Erfordernissen der Umstände anzupassen, ist dickköpfig.

9. Fragen Sie sich zuerst selbst, «Was kann ich tun, um mich selbst zu ändern?» wenn Mißverständnisse auftauchen.

10. Wann immer Sie sich veranlaßt fühlen, eine Änderung im Verhalten Ihres Partners vorzuschlagen, konzentrieren Sie sich nicht auf *Ihr* Bedürfnis, einen Vorschlag zu machen, sondern auf das Bedürfnis Ihres Partners *und* seine Bereitschaft, ihn anzunehmen.

11. Wenn Sie irgendjemanden beraten, ist es hilfreich, sich zu sagen: «Niemand schuldet es mir, meinen Rat anzunehmen.» Freuen Sie sich lieber, wenn irgendetwas von dem, was Sie sagen, als wertvoll aufgenommen wird.

12. Geben Sie anderen die Freiheit, auf ihre Weise und in ihrer Geschwindigkeit zu wachsen. Ist es nicht das, was Sie selbst auch wollen?

13. Seien Sie niemals besitzergreifend. Eine Heiratsurkunde ist keine Besitzurkunde.

14. Halten Sie immer mal wieder inne, um die ruhigen Momente zu genießen, wenn sie sich zwischen Ihnen einstellen.

KAPITEL 11

Erweiternde Kindererziehung

Die bisher erwähnten grundlegenden Prinzipien können ebenso bei der Kindererziehung angewendet werden. Kinder sind vielleicht noch mehr als der eigene Partner ein Antrieb, der einen dazu zwingt zu lernen, *verantwortungsvoll* mit anderen in Verbindung zu stehen. In Verbindung stehen heißt – auf eine gebende Art –, den Gedanken zu vermeiden (der dem Ego instinktiv eigen ist): «Was liegt hier für mich drin?»

Auch die eheliche Beziehung zwingt einen zu einer verantwortlichen Beziehung. Denn alles, was Sie sagen oder tun, hat einen Widerhall, den es nicht hätte, wenn Sie sagen wir einmal ein Einsiedler wären. Daher werden Sie in der Ehe so geschult, wie Sie es in dieser Form sonst niemals antreffen – auf eine Weise, die Sie nie in einer zufälligen Beziehung zu einem Fremden erleben.

Genau aus diesem Grund sind Sie in der Ehe verpflichtet, sich in Beziehung zu den Höhen und Tiefen einer anderen Person zu stellen, und dies wohlwollend und ernsthaft. Daher könnte man die Ehe mit zwei Kieselsteinen vergleichen, die gemeinsam das Flußbett hinunterrollen und sich gegenseitig die rauhen Kanten abschleifen.

Aber wenn dies für die Ehe gültig ist, um wieviel mehr gilt es für Ihre Beziehung zu Ihren Kindern. Sie können bis zu einem gewissen Punkt Anforderungen an Ihren Partner stellen. Aber wieviele an Ihre Kinder?

In tragischen Zeiten können Sie und Ihr(e) Partner(in) sich gegenseitig Beistand bieten. Doch Ihre Kinder werden kaum be-

wußt und stark genug sein, um *Ihnen* Beistand zu geben. Bei größeren Prüfungen und Herausforderungen können Mann und Frau zusammenstehen. Aber wieviel können Kinder unter diesen Umständen helfen? Viel öfter sind sie die Herausforderung.

Geben, Geben und nochmals Geben

Kinder *sind* ein Beistand, auf andere Art. Sie sind auch Freude, eine Hoffnung für die Zukunft – viele Dinge: Aber ein Bollwerk der Stärke? – kaum je. Und daher müssen Eltern bei der Erziehung ihrer Kinder lernen zu geben – und zu geben, und zu geben! Dies ist wie die Herausforderung der Ehe selbst eine wundervolle Gelegenheit, die selbstlos und mit Weisheit angegangen werden muß.

Wenn man die Ehe von einem göttlichen Gesichtspunkt aus betrachtet, hilft sie uns oder fordert uns zumindest dazu heraus, unsere Zuneigung auszudehnen. Dies zunächst, weil sie unser natürliches Verlangen nach persönlicher Erfüllung anspricht, und dann durch die Ausdehnung des Verlangens, das Wohl eines anderen menschlichen Wesens miteinzubeziehen: das unserer Frau oder das unseres Mannes.

Wenn sich Nachwuchs einstellt, erweitert dies unsere Zuneigung auf den Familienkreis und nimmt sogar teilweise die Möglichkeit, auf die *persönliche* Erfüllung zu achten.

Wenn unsere Kinder langsam erwachsen werden und sich selbst vom Nest der Familie immer mehr entfernen, wird unsere Zuneigung durch ihre sich ausdehnenden Interessen auch erweitert. Sogar danach können wir fortfahren unsere mentalen Schranken aufzuheben, indem wir schließlich die ganze Menschheit in unsere Zuneigung miteinschließen.

Der Kampf um Selbsterweiterung ist nicht auf allen Stufen gleich schwierig: vom Selbst zum Partner, vom Partner zu den Kindern, von den Kindern zu den Nachbarn, von den Nachbarn

zu den Landsleuten, von den Landsleuten zur Menschheit überall, und sogar über die Menschheit hinaus – zum Universum. Wenn einmal die Schranke des persönlichen Verhaftetseins aufgehoben ist – wenn wir einmal lernen, mit anderen Worten, unsere Liebe über den kleinen Vorgarten des «Ich und mein Eigentum» hinaus auszudehnen, wird es relativ leicht, sie noch weiter auszudehnen, bis sie alles miteinschließt.

Die weiseste Person ist schließlich die, die nicht darauf wartet vom natürlichen Lauf der Dinge auf dem Weg zur Erleuchtung *vorangestoßen* zu werden. In dem Wissen, daß die richtige Richtung auf Selbsterweiterung hinausläuft, wartet sie nicht untätig darauf, daß der Prozeß automatisch abläuft. Warum sollten wir auch Jahre warten, in denen wir *durch* andere leben, wenn das Leben uns in jedem Moment dazu aufruft, unsere eigene Individualität zu entwickeln?

Der verkleidete Gott

Die weiseste Grundeinstellung zur Kindererziehung liegt in der Erkenntnis, daß jedes Kind von Anfang an nicht Ihre eigene Schöpfung ist, sondern ein neuer Mitbewohner: Gott, der uns an sich selbst erinnert und an *seine* Liebe für uns. Auf diese Weise wird es leichter die kraftvolle Hypnose der Verblendung (wieder dieses alte «Ich und mein Eigentum») aufzubrechen und unserem Familienleben auf vollkommene Weise die Erkenntnis näherzubringen, daß *alles* ihm gehört.

Ohne Respekt, der anderen völlige Freiheit im eigenen Tempo und auf die eigene Weise zu wachsen zugesteht, ist es für Menschen unmöglich, ihre Beziehungen zu erweitern. Die Versuchung gegenüber dem anderen selbstsüchtige Forderungen zu stellen würde immer wieder aufkommen.

Bei der Kindererziehung ist es besonders wichtig, sich daran zu erinnern, daß die Kinder schon entwickelte Seelen sind, die

als Gast in eine Familie kommen. Sie haben die Verantwortung, mit ihnen ihre größere Lebenserfahrung zu teilen, vielleicht Ihre Weisheit, mit Sicherheit Ihre Liebe und Ihren Schutz. Aber Sie haben *kein* Recht von ihnen zu erwarten, daß sie zu einem *Spiegel* Ihrer Persönlichkeit und Ihrer Vorhaben werden.

Viele von uns sehen nur das Kind. Wenn wir seine Unschuld betrachten, stellen wir uns vor, daß es alles von uns lernen muß. Wer weiß schon, mit welcher Weisheit es gekommen ist, «begleitet von Wolken des Ruhms», wie Wordsworth in *Intimations of Immortality* schrieb. Vielleicht hat das Kind sogar, wie manche glauben, schon einmal auf der Erde gelebt. Sollte das so sein, so ist das Kind auf seine Weise so erfahren wie wir – auch wenn seine Erfahrungen im Moment ein wenig eingerostet sind.

Erziehen meint im ursprünglichen Sinn «herausziehen». Um ein Kind wirklich zu erziehen ist es notwendig, es anzuregen, von *innen heraus* zu antworten. Es stimmt, daß Wahrheiten weniger gelernt als *erkannt* werden. Und während das Kind bei seinen Bemühungen mit den ungewohnten Werkzeugen umzugehen hilflos erscheint, braucht es auch in diesen Jahren der Heranbildung den verdienten Respekt und die Rücksichtnahme auf eine Seele, die so wie wir darum kämpft, ihr höchstes Potential zu erreichen.

Tatsächlich ist es ebenso wichtig, Ihren Kindern den gleichen Respekt zu zollen, wie Sie es Ihrem Partner als einer Erscheinungsform Gottes gegenüber tun.

Sie müssen sie natürlich auch als Kinder behandeln. Denn für eine Weile spielen sie die Rolle – lieber als Sie vielleicht wissen – der Hilflosen und Unschuldigen. Eine Mutter versuchte, um ihn trocken zu bekommen, ihren Dreijährigen mit dem alten Spruch zu beschämen: «Komm schon, sei ein *großer* Junge!»

«Ich will kein großer Junge sein», antwortete er, «ich finde es *schön*, ein Baby zu sein!».

Es ist ein Spiel, das sie, wie Sie sehen, für eine Zeit spielen. Und sie zwingen Sie mitzuspielen.

Aber sehen Sie nur, wie verantwortungsbewußt ein sechsjähriges Kind sich verhalten kann, wenn seine Eltern sterben und ihm es überlassen, sich um seine dreijährige Schwester zu kümmern. In vielen Beziehungen scheint es – und das ist sehr erstaunlich – über Nacht erwachsen geworden zu sein.

Kinder wissen mehr als sie verraten. Und manchmal verraten sie es tatsächlich.

Meine Mutter hat einmal erzählt, wie sie an ihrer Schminkkommode saß, um sich zu schminken. Ich beobachte sie eine Weile, um dann mit allem Ernst zu sagen: «Mutter, denke bitte nicht immer an deine Schönheit wie Frau M.» Ich nannte den Namen einer Frau, die tatsächlich außerordentlich eitel wahr. Solch eine Beobachtung hatte meine Mutter von einem kleinen Kind nicht erwartet.

Kinder verstehen gut. Aber vielleicht ziehen sie es vor, sich nicht auf das reifere Wissen zu berufen, weil sie es für eine Weile lustiger finden, nicht die Lasten zu tragen, die mit dem Erwachsensein auf sie zukommen. (Daher der fortdauernde Ruhm von Peter Pan, dem legendären Jungen, der nie erwachsen wurde.)

Respektieren Sie also Ihre Kinder – als entwickelte Seelen in unentwickelten Körpern und mit unentwickeltem Geist und auch mit dem vollen Recht, als Kinder kindisch zu sein, manchmal sogar dumm und vielleicht sogar völlig außer Kontrolle. Jedes Alter hat die entsprechenden Torheiten. Erkennen Sie Ihre eigenen in der Parade der Schwächen und geben Sie den anderen die Freiheit, sich die ihren abzugewöhnen, wie und wann sie es wollen.

Wenn Sie die Freiheit der Kinder ihre Rollen zu spielen anerkennen, werden sie Ihnen freundlich begegnen und *Ihnen* Respekt zollen. Eltern, die ihre Kinder niederreden, werden der daraus folgende Frustration ihres Nachwuchses vielleicht in Form von Rebellion gewahr werden.

Der Grundsatz, zuerst sich selbst treu zu sein und dann anderen wie sich selbst, sollte in der Familie seinen Ausdruck finden, indem Sie zunächst ihrem Partner gegenüber loyal sind und dann auf diesem Hintergrund Ihren Kindern gegenüber.

Ich kenne einen Vater, der gerade seiner Tochter gesagt hatte, daß sie kein Gebäck mehr vom Teller nehmen dürfe. Genau in diesem Moment betrat die Mutter die Szene.

«Mama», schreit das Kind unter mitleiderheischenden Tränen, «Papa gibt mir keine Plätzchen mehr».

«Nun», sagt die Mutter vermittelnd, «du darfst noch eins haben».

Noch eins! Genausogut hätte sie ihm den ganzen Teller geben können. Denn die Botschaft, «Hör nicht auf Papa, höre auf mich», hat sie schon vermittelt.

Eltern müssen sich gegenseitig bei der Erziehung ihrer Kinder unterstützen. Selbst wenn Sie denken, Ihr(e) Partner(in) hätte einen Fehler gemacht, können Sie es sich nicht leisten, ihrem Kind eine doppelte Botschaft zu geben.

Natürlich beziehe ich mich hier auf Situationen, in denen es um Disziplin geht. Wenn nun aber der Mann behauptet, man sehe die Venus am Abendhimmel, und die Frau weiß, daß es der Merkur ist, warum sollte man seinen Irrtum nicht eingestehen? Das elterliche Beispiel einer harmonischen Meinungsverschiedenheit kann Kindern eine wertvolle Lektion darüber sein, wie sie mit ähnlichen Situationen in ihrem Leben umgehen können.

Aber merken Sie sich, wenn es um ihre Erziehung geht, so dumm sie sich auch in anderer Hinsicht anstellen mögen, wenn es um ihre eigenen Interessen geht, sind sie Meister! Irgendwie verstehen sie diese Kunst von der Wiege an. Sie verstehen es perfekt, die Front aufzubrechen und zu siegen. Und schon bevor sie das Sprechen gelernt haben, wissen sie, wie sie mit Ihren Emotionen spielen müssen, um zu bekommen, was sie wollen.

Also, wenn es durchführbar ist und ohne Ihre wirklichen Bedürfnisse zu unterdrücken, bilden Sie eine geschlossene Front! Seien Sie an erster Stelle sich gegenseitig gegenüber loyal.

Handeln Sie angemessen, nicht im Ärger

Ein anderer wichtiger Punkt bei Kindern ist, absolut gerecht zu ihnen zu sein. Gehen Sie nie im Ärger auf sie los. Das ist nicht immer leicht! Ich erinnere mich an eine Begebenheit, als ich ein Kind war. Meine Familie besuchte Verwandte. Vater saß in seinem Sonntagsanzug beim Frühstück, bevor er in die Kirche wollte. Der kleine Eddie, mein Cousin, saß neben ihm. Plötzlich piepste Eddie: «Onkel Ray, ich habe Hafergrütze auf deinen Anzug gekleckert.» Und das nicht zu knapp. Vaters Ärger war, meine ich, verständlich. Und Ärger wäre wohl die einzige Reaktion gewesen, die Eddie verstanden hätte.

Sehen wir dem ins Gesicht, Kinder lassen uns manchmal durchdrehen. Manchmal ist das tatsächlich auch ihre einzige Absicht. Aber merken Sie sich, wenn Sie zu oft nachsichtig sind, entgleiten sie Ihren Händen. Sie werden sie prüfen, ob sie Sie nicht auf ihre Stufe der Unreife herabholen können. Aber wenn es ihnen jemals gelingt, werden sie Ihnen niemals mehr mit dem Respekt begegnen, der einem Erwachsenen gebührt.

Sprechen Sie immer angemessen mit ihnen. Seien Sie gerecht. Seien Sie unparteiisch. So können Sie sie auch ausschimpfen, sogar ernsthaft – und manchmal werden Sie es wohl müssen. Sie können nicht immer in süßem und hellem Licht erstrahlen – und trotzdem haben Sie ihren Respekt.

Zudem ist Ihnen, sogar wenn Sie sie ausschimpfen, ihre Liebe gewiß, wenn Sie es mit Liebe im Herzen tun.

Ich habe erwähnt, daß ich einige Jahre mit dem großen Lehrer Paramahansa Yogananda gelebt habe. Manchmal geschah es, daß er mit uns, seinen erwachsenen Kindern, schimpfen mußte,

um damit eine Botschaft durch unsere dicken Schädel zu bringen. Immer wenn er das tat, sah ich Liebe in seinen Augen.

Ein kleiner Junge rennt auf eine vielbefahrene Straße. Wie gehen Sie mit dieser Situation um? Werden Sie ihm sanft hinterherrufen, «Komm zurück Jonny, du könntest überfahren werden!»? Sicher nicht! Sie werden ihn beim Genick packen und ihm vielleicht eine verpassen, um ihm mit Nachdruck klarzumachen, daß er so etwas nie wieder tun soll, und sich auf jede erdenkliche Weise vergewissern, daß er es ein für allemal verstanden hat.

Erwachsene sind es nicht gewöhnt, daß man mit ihnen in dieser Weise spricht. Doch wenn man einmal verstanden hat, daß vollkommene Reife – Weisheit und die Vollkommenheit wahrer Seelenqualitäten – nicht mit achtzehn oder einundzwanzig Jahren erreicht wird und daß eine harte und lange Lehrzeit nötig ist, um wirkliches Verstehen zu entwickeln, nimmt man jede Lehre des Lebens mit Freude auf, weil sie einem hilft, spirituell zu wachsen.

Das Leben selbst bringt uns viele Lektionen auf die harte Art bei. Die Beschimpfung durch einen weisen Lehrer kann beim Schüler den Eindruck der Notwendigkeit vertiefen, ein Verhalten zu verändern, das ihm sonst großes Leiden zufügen würde. Im Gegensatz zu diesem Leiden ist das Schimpfen – wie bei dem Elternteil, dessen Kind auf die Straße gerannt ist – ein Zeichen von reiner Liebe. Und die sah ich, wie gesagt, in den Augen Yoganandas, während der wenigen Gelegenheiten, bei denen er mich ausschimpfte. Ich sah Bedauern, tiefe Sorge für mein Wohl und bedingungslose Liebe.

Manchmal müssen Sie dann, und das ist wichtig, wohl auf strengere Disziplin zurückgreifen. Aber wenn es dazu kommen sollte, übermitteln Sie niemals die Botschaft, daß es aus persönlicher Wut heraus geschieht. Wenn Sie es doch tun, wird ihr Kind Ihre Emotion wahrnehmen und sich noch lange danach daran als den Moment erinnern, in dem Sie einer vorübergehen-

den Situation mehr Gewicht beigelegt haben als Ihrer Liebe zu ihm. Solche Erinnerungen können für die Entwicklung eines Kindes genauso traumatisch sein, wie sie es sogar manchmal im Leben eines Erwachsenen sind.

Ein verwandter Punkt ist: Lassen Sie es niemals in einer Liebesbeziehung zu, daß die betroffenen Menschen annehmen, sie seien in Ihren Augen weniger wichtig als die äußeren Umstände Ihrer Beziehung. *Menschen sind wichtiger als Dinge.*

Grenzen und *der weite Horizont*

Es ist natürlich auch wichtig, Kinder wissen zu lassen, daß Sie keinen Unfug vertreten. Sie müssen sicher sein. Sehen Sie, Kinder versuchen immer ihre äußeren Grenzen zu erkunden. Und wenn Sie aus blinder Liebe für sie ständig nachgeben, werden sie am Ende nur verzogen werden.

Was bedeutet verzogen sein? Es bedeutet, in dem Gedanken aufzuwachsen, daß man irgendwie – wenn nötig mit einem Wutanfall – immer den eigenen Kopf im Leben durchsetzen kann. Es bedeutet von der objektiven Realität getrennt zu werden und immer in einem Traum zu leben. Es bedeutet, unfähig zu sein, irgendeinen anderen Standpunkt außer dem eigenen einzunehmen. Was für eine enge Welt zum Leben, wirklich!

Solch ein Verhalten ist das genaue Gegenteil von Selbsterweiterung. Es ist der sicherste Weg zu späterem Unglück als Erwachsener.

Kinder brauchen ein Gefühl von Sicherheit, das aus dem Wissen um ihre Grenzen rührt. Sie brauchen das Gefühl, daß das Gebiet innerhalb eines gegebenen Verständnisrahmens unanfechtbar ihnen gehört. Aber es muß ihnen auch erlaubt sein – sie sollen tatsächlich ermutigt werden – von dieser sicheren Basis aus stufenweise ihren Horizont auszudehnen.

Der Trick besteht darin, die Ausdehnung nicht von ihnen zu

erwarten, sondern sie einzuladen, sie für sich selbst zu suchen.

Der Trick besteht auch darin, ihnen nicht die eigenen Begrenzungen aufzuerlegen (wie Eltern beispielsweise, die nicht wollen, daß ihr musikalisches Kind Klavier spielt, weil der Klang sie stört). Wenn Sie sie auf unnatürliche Weise in Schranken halten, werden Sie ihre Entwicklung abschnüren.

Es ist in diesem Fall wichtig, ein Gefühl für die Begabungen jedes Kindes zu entwickeln, um dann in den durch die Begabung gegebenen Grenzen mit Einfühlungsvermögen zu versuchen, es zum Annehmen von noch weiteren Horizonten zu bewegen.

Wenn Sie als Elternteil wirklich liebevoll sind, bedeutet dies auch, daß Sie ihr Kind stufenweise von der Abhängigkeit von Heim und Familie entwöhnen. Früher oder später wird es sowieso hinausgehen müssen, um der Welt selbständig gegenüberzutreten. Warum sollte man es nicht auf diese Unabhängigkeit vorbereiten?

Die Unabhängigkeit in Ihrem Kind entwickeln

Kinder brauchen Sicherheit. Aber wenn Sie ihnen zuviel davon geben, helfen Sie ihnen nicht. Wenn Sie ihnen beispielsweise zuviel Geld geben, können Sie sie verderben. Wenn Sie ihnen das Leben zu einfach machen, werden sie nicht verstehen, daß das Leben selbst voller Herausforderungen ist. Auf diese Weise können Sie sie auch noch verderben, wenn sie schon erwachsen sind.

Yogananda sagte, daß wohlhabende Menschen, die ihren Kindern zuviel Geld überlassen, einen großen Fehler machen – wenigstens bis zu dem Moment, bis diese «Kinder» *reife* Erwachsene werden und aus eigenen Stücken erfolgreich.

Eltern, die es sich leisten können, mögen ihrem Nachwuchs ausreichend Geld geben, um ihnen einen Start ins Leben und Selbständigkeit zu ermöglichen, aber nicht soviel, daß es ihre

Abhängigkeit vergrößert. Ihre Kinder mögen es Ihnen zunächst nicht danken, daß Sie sie die Vorzüge der Einfachheit lehren, aber später werden sie mit Sicherheit dankbar sein.

Versuchen Sie auch, Ihren Kindern so früh wie möglich das Gefühl zu geben, auf eigenen Füßen zu stehen. Wie früh? Eine Freundin von mir, die kürzlich aus Indien zurückkehrte, hat dort eine interessante Beobachtung gemacht. Sie war erstaunt darüber, nie ein schreiendes Kind gesehen zu haben. Das heißt, sobald ein Kind etwa bis zum Alter von zwei Jahren zu schreien begann, hätte die Mutter es auf den Schoß gehoben und zärtlich an sich gehalten. Das durch diese Aufmerksamkeit im Kind entstandene Gefühl der Sicherheit haben es beruhigt. Hier in Amerika versuchen wir vielleicht zu früh, sie von dieser Sicherheit zu entwöhnen.

Wenn ich also davon spreche, Kinder emotional zu entwöhnen, meine ich damit, sie in ihrer eigenen Zeit mit Rücksicht auf *ihre* Entwicklungsphasen zu entwöhnen. Manche Kinder wollen tatsächlich früher entwöhnt werden. Andere sind psychisch abhängiger und brauchen ein langsameres Vorgehen. Nehmen Sie immer auf die Individualität des Kindes Rücksicht.

Als allgemeine Regel gilt – ich bin ausführlicher in meinem Buch *Education for Life* auf diesen Punkt eingegangen –, daß die ersten sechs Jahre eine Periode völliger Abhängigkeit sind. Während der nächsten sechs verringert sich die Abhängigkeit nur langsam. Wenn das Kind etwa um die zehn herum ist, wird es normalerweise Zeit, es zu ermutigen, auf sich selbst zu achten und auf eigenen Füßen zu stehen.

Versuchen Sie vor allem immer, die Entwicklung Ihrer Kinder in Richtung auf die erweiterte Sicht der wahren Bedeutung von Familie zu lenken – nicht das «Wir-und-sonst-niemand»-Bewußtsein, sondern zu der Vorstellung von allen Lebewesen als ihrer erweiterten Familie.

Punkte, die man sich merken sollte

1. Die weiseste Grundeinstellung zur Kindererziehung liegt in der Erkenntnis, daß jedes Kind von Anfang an nicht Ihr eigenes Geschöpf ist, sondern ein neuer Mitbewohner: Gott, der uns an sich selbst erinnert und an *seine* Liebe für uns.

2. Erziehen meint im ursprünglichen Sinn «herausziehen». Um ein Kind wirklich zu erziehen, ist es notwendig, es anzuregen, von *innen heraus* zu antworten.

3. Kinder verstehen gut, aber vielleicht ziehen sie es vor, sich nicht auf das reifere Wissen zu berufen, weil sie es für eine Weile lustiger finden, nicht die Lasten zu tragen, die mit dem Erwachsensein auf sie zukommen.

4. Wenn Sie die Freiheit der Kinder ihre Rollen zu spielen anerkennen, werden sie Ihnen freundlich begegnen und *Ihnen* Respekt zollen.

5. Seien Sie absolut gerecht zu ihren Kindern. Gehen Sie nie im Ärger auf sie los.

6. Die Kinder werden Sie prüfen, ob sie Sie nicht auf ihre Stufe der Unreife herabholen können. Aber wenn es ihnen jemals gelingt, werden sie Ihnen niemals mehr mit dem Respekt begegnen, der einem Erwachsenen gebührt.

7. Kinder werden Sie vor allem respektieren und lieben, wenn Sie die Gerechtigkeit mit Zuneigung mäßigen. Lassen Sie sie wissen, daß Sie auf ihrer Seite stehen – daß Sie ihr Freund sind.

8. Kinder versuchen immer ihre äußeren Grenzen zu erkunden.

Und wenn Sie aus blinder Liebe für sie ständig nachgeben, werden sie am Ende nur verzogen werden. Kinder brauchen ein Gefühl von Sicherheit, das aus dem Wissen um ihre Grenzen rührt. Sie brauchen das Gefühl, daß das Gebiet innerhalb eines gegebenen Verständnisrahmens unanfechtbar ihnen gehört.

9. Der Trick besteht darin, die Ausdehnung nicht von ihnen zu erwarten, sondern sie einzuladen, sie für sich selbst zu suchen.

10. Es ist wichtig ein Gefühl für die Begabungen jedes Kindes zu entwickeln, um dann in den durch die Begabung gegebenen Grenzen mit Einfühlungsvermögen zu versuchen, es zum Annehmen von noch weiteren Horizonten zu bewegen. Wenn Sie als Elternteil wirklich liebevoll sind, bedeutet dies auch, daß Sie Ihr Kind stufenweise von der Abhängigkeit von Heim und Familie entwöhnen.

11. Kinder brauchen Sicherheit. Doch wenn Sie sie ihnen im Übermaß geben, werden Sie nur ihre Entwicklung abschnüren.

12. Eltern, die es sich leisten können, mögen ihrem Nachwuchs ausreichend Geld geben, um ihm einen Start ins Leben und in die Selbständigkeit zu ermöglichen, aber nicht soviel, daß es seine Abhängigkeit vergrößert.

13. Versuchen Sie vor allem immer, der Entwicklung Ihrer Kinder eine Richtung auf die Vorstellung von allen Lebewesen als ihrer größeren Familie zu geben.

KAPITEL 12

Die Liebe fürs Leben – eine erweiternde Ehe

Eine falsche Erwartung vieler Paare am Beginn der Ehe ist, daß sie sich gegenseitig für immer alles sind. Ich kann mir *keine* zwei Menschen vorstellen, die lange mit diesem Gedanken zufrieden sind, außer sie sind außergewöhnlich dumm. Keine Person hilft Ihnen all Ihre Lektionen im Leben zu lernen. Niemand wird Ihnen jedes Bedürfnis erfüllen. Niemand, daß heißt, nur Sie selbst.

Denn all die Erfüllung, nach der Sie immer gesucht haben, wartet in Ihnen auf Sie. Aber diese Art Erfüllung ist nie persönlich, denn sie geht über das Ego hinaus.

Wie ich schon früher gesagt habe, ist eine Aufgabe der Ehe, den Menschen einen Antrieb zu geben, die Identität des Selbst zu erweitern. Indem wir eine andere Person lieben, lernen wir, jedenfalls schließlich bis zu einem gewissen Grad, unsere Ichbezogenheit aufzubrechen. Wenn wir einmal die Selbst-Ausdehnung als Richtung für unsere Entwicklung eingeschlagen haben, ist es leichter, den Prozeß fortzuführen und unsere Gefühle so zu erweitern, daß sie andere Menschen, andere Rassen, andere Nationen und die ganze Welt miteinschließen.

Um dieses Bild der Ausdehnung klarer fassen zu können, stellen Sie sich eine bestimmte, mit einer Persönlichkeit ausgestattete Welle des Ozeans vor. Diese Welle konzentriert sich auf ihre eigene, besondere Realität und entscheidet, daß nur das, was ihr als *der* Welle von allen Wellen des Ozeans geschieht, Bedeutung für sie hätte.

Stellen Sie sich diese Welle dann vor, wie sie sich immer noch höher in ihrer Wichtigkeit auftürmt, bis sie sich einbildet, sie

könne alle sie umgebenden Wellen übertrumpfen. Doch braucht es für eine hohe Welle einen starken Wind. Wo eine Welle sich auftürmt, werden auch andere Wellen sich erheben. Dann fühlt sich die Welle zunehmend durch andere Wellen, alle mit einer eigenen Persönlichkeit und der ähnlichen Überzeugung von der eigenen Wichtigkeit, bedroht. So wie die erste Welle versucht, alle Wellen um sie herum zu übertrumpfen, so streben auch diese nach Vorherrschaft. Dadurch entsteht ein Streit zwischen den sich selbst suchenden Wellen. Sie krachen mit Überheblichkeit und Ehrgeiz zusammen und erfahren Angst, Schmerz und Leiden.

Menschen sind wie diese Wellen. Um so mehr eine Person ihre eigene Bedeutung bestärkt, um so größer ist ihr Verlangen, ihr Ego zu fördern und zu schützen, und um so größer der Schmerz, der ihr widerfährt – und um so flüchtiger ihre Freude.

Es gibt kein Entkommen vor dem Leiden, solange Menschen den Ausweg *im* Ego suchen. Der Weg der Befreiung liegt in der Rücknahme der Ego-Welle zurück in den unendlichen Ozean. Er liegt in der Erkenntnis, daß die eigene größere Realität die Wirklichkeit des Ozeans ist. Das eigene Bewußtsein über das Ego hinaus auszudehnen bedeutet keinen Verlust, auch wenn das Ego es als solchen erlebt und mit allen ihm zur Verfügung stehenden Mitteln dagegen ankämpft.

Ehe ist ein Schritt auf dem Weg unsere Abhängigkeit von der Kleinheit der Ego-Herrschaft zu durchbrechen. Sie ist ein Schritt – für viele ein lebenswichtiger – in Richtung auf Seelenerweiterung. Denn alles, was einer Person hilft, die Grenzen der Selbstsucht und der Selbstunsicherheit zu durchbrechen ist gut. Alles, was die Person wieder mit dem Ego-Bewußtsein umgarnt, ist schlecht, da sie das in Schmerz und Begrenztheit gefangen hält. Kurz, es ist schlecht, weil es schlecht für *sie* ist.

Da die Ehe für Menschen ein Antrieb ist, um Selbsterweiterung zu lernen, ist sie eine heilige Institution. Sie hat eine wesentlich höhere Aufgabe als bloß selbstsüchtige Befriedigung.

Wenn die Ehe nicht in diesem Licht gesehen wird, kann sie ein Hindernis für wahre Erfüllung werden. Paare, die nur aus Genußsucht heiraten, stärken ihre Tendenz zum Rückzug und stärken ihre Egos. Paare wiederum, die sich liebevoll dem anderen hingeben, aber sich selbst von einer weiteren Ausdehnung ausschließen, bauen Mauern um ihre kleine, gemeinsame Realität, und indem sie andere ausschließen, wirken sie verengend auf ihr eigenes Bewußtsein.

Denn es gibt kein Leben ohne Bewegung. Bewegung, die nicht erweitert, wird reduzierend sein. Das Leben kann nicht lange eine starre Haltung einnehmen. In der Ruhe des Stillstands holt das Rad des Lebens neuen Schwung.

Das Abenteuer des Erwachens zum Selbst

Das Leben ist ein Abenteuer des Erwachens zum Selbst. Alles, was diesem Prozeß im Wege steht, ist schließlich zerstörend, weil es unglaubwürdig ist. Die, die wahre Erfüllung in ihrem Leben suchen, sollten die Ehe nicht als gemütliche Ecke sehen, sondern als Fenster zu sich immer weiter ausdehnenden Realitäten.

Für viele Menschen bedeutet die Ehe eine Stärkung ihrer natürlichen egoistischen Neigungen. Sie bedeutet ein Versuch, ihr zerbrechliches Sicherheits- und Selbstwertgefühl zu stützen. Aber für die, die das Leben mit einem Abenteuergeist angehen – für die, die ständige Selbsterweiterung suchen – ist die Ehe eine großartige Gelegenheit zur Selbstentwicklung.

Selbstsüchtige Menschen heiraten für das, was sie dafür bekommen. Großherzige Menschen heiraten für das, was sie miteinander *teilen* können. Bewußt oder unbewußt erkennen großherzige Menschen, daß ihr größter Gewinn in der Ausdehnung ihrer Zuneigung liegt, nicht in der Beschränkung.

Selbstsüchtige Menschen denken: «Was bekomme ich durch

diese Beziehung?» Großherzige Menschen denken: «Was kann ich dieser Beziehung geben?»

Es ist wohl nicht nötig zu sagen, daß die Welt nicht einfach in zwei bestimmte Lager gespalten ist. Die Menschen wachsen außerdem über ihr erstes Verständnis hinaus. Worauf wir in unserem Leben Gewicht legen müssen, ist nicht so sehr die Stufe, die wir schon erreicht haben, sondern daß die Richtung unserer Reise uns in die Zukunft führen muß.

Menschen entweder einfach als «selbstsüchtig» oder «großherzig» zu bezeichnen wäre ein Fehler. Menschen sind vielfältiger. Menschen ändern sich. Wichtig ist, die verschiedenen *Richtungen* des Wachstums wahrzunehmen.

Um so mehr sich die Zuneigung einer Person nach außen ausdehnt, um so größer ist seine oder ihre Erfüllung. Und um so mehr diese Symphatien sich nach innen auf das Ego richten – oder was fast das gleiche ist, auf die eigene Familie mit dem Gedanken «ich und die Meinen» – um so tiefer empfindet diese Person Unsicherheit und das nagende Gefühl der Unerfülltheit.

Die Betonung der Verbundenheit zu allen ist nicht für die Menschen gedacht, die noch nicht die Bedeutung der Loyalität zu den Nahestehenden gelernt haben. Der Mann, der denkt, «Ich liebe alle – warum soll ich meiner Frau treu sein?» muß noch die notwendigen Feinheiten der Art von Erweiterung entwickeln, die ich beschreibe. Wahre Selbstausdehnung meint, der Fessel des Egos zu entkommen. Was der Frauenheld zustande bringt, ist im Gegenteil eine Stärkung seiner Ego-Gebundenheit.

Es ist nicht nur die Nächstenliebe, die also daheim beginnt: Loyalität beginnt auch dort. Nur durch die Fenster der Loyalität können wir uns nach außen wenden und anderen begegnen – so wie wir es tief in unserem Bewußtsein alle wirklich tun wollen.

Hier ist nun ein Weg, um Ihre Ehe im besten Sinn zu einer erweiternden Beziehung zu machen. Die Methode erfordert Meditation und Introspektion – oder, um es anders zu sagen, sie er-

fordert, daß Sie sich auf immer tieferen Stufen wirklich selbst kennenlernen.

Lernen Sie sich selbst auf der Seelenebene zu lieben, indem Sie in der Meditation die verborgene Freude Ihres eigenen Seins erfahren. Wenden Sie sich dann mit einer weniger selbstsüchtigen Liebe ihrem Partner und den Kindern zu. Verfeinern Sie Ihre Liebe, so daß sie immer noch reiner wird und immer weniger das Bewußtsein von «Ich und die Meinen» enthält. Lieben Sie Ihre Familie, wie Sie sich selber lieben sollten: Wegen ihrer Seelen und nicht nur wegen ihrer Körper und Persönlichkeiten.

Dehnen Sie dann diese Liebe nach außen auf Ihre Nachbarn, Landsleute, die ganze Menschheit und alle empfindende Kreatur aus – überall. Auf diese Weise wird Ihre Liebe zu Gottes Liebe.

Die nach außen gerichtete Ausdehnung der Liebe nannte Yogananda, die gesellschaftliche Art kosmisches Bewußtsein zu erlangen. Und sie ist ein sehr wichtiger Ausgleich zum inneren Weg, durch Meditation Verbindung mit Gott zu suchen.

Ehe kann sowohl im äußeren als auch im inneren Sinn das Tor zu grenzenlosem Bewußtsein sein. Aber sie wird es nur werden, wenn Sie hart daran arbeiten. Es gibt viele Hindernisse auf dem Weg zum Erfolg. Erinnern Sie sich an diese Worte, wenn Sie in Ihrem Ringen um Vervollkommnung solchen Hindernissen begegnen: «Es gibt keine Hindernisse, nur Gelegenheiten!»

Bei der Beschreibung der spirituellen Ehe möchte ich noch diesen letzten Punkt betonen: Ehe an sich ist auf keinen Fall ein Allheilmittel. Es *liegt* an Ihnen, ob Sie zu größerer Freiheit voranschreiten, oder in immer mehr Illusionen zurückfallen, die Ihnen Ihr ganzes Leben lang Schmerz gebracht haben. Je größer Ihre innere Freiheit, um so größer wird Ihr Glück sein und um so tiefer und erfüllender Ihre Liebe.

Punkte, die man sich merken sollte

1. Es gibt kein Entkommen vor dem Leiden, solange Menschen den Ausweg im Ego suchen.

2. Alles, was eine Person mit Ego-Bewußtsein umgarnt, ist schlecht, da sie das in Schmerz und in Begrenztheit gefangen hält. Kurz, es ist schlecht, weil es schlecht für *sie* ist.

3. Da die Ehe für Menschen ein Antrieb ist, um Selbsterweiterung zu lernen, ist sie eine heilige Institution.

4. Es gibt kein Leben ohne Bewegung. Bewegung, die nicht erweitert, wird reduzierend sein.

5. Das Leben ist ein Abenteuer des Erwachens zum Selbst. Alles, was diesem Prozeß im Wege steht, ist schließlich zerstörend, weil es unglaubwürdig ist.

6. Die Betonung der Verbundenheit zu allen ist nur für die Menschen gedacht, die die Bedeutung der Loyalität zu den Nahestehenden gelernt haben.

7. Der Weg, um Ihre Ehe im besten Sinne zu einer erweiternden Beziehung zu machen, besteht aus Meditation und Introspektion.

8. Erinnern Sie sich daran, wenn Sie Hindernissen begegnen: «Es gibt keine Hindernisse, nur Gelegenheiten!»

9. Ehe ist an sich auf keinen Fall ein Allheilmittel. Sie bestimmen, was sie Ihnen gibt.

10. Je größer Ihre innere Freiheit, um so größer wird Ihr Glück sein und um so tiefer und erfüllender Ihre Liebe.

KAPITEL 13

Für die, die Gott suchen

Für die, die bewußt auf dem spirituellen Weg sind, will ich mit ein paar Gedanken über die Ehe schließen. Ich sage *bewußt*, weil jeder auf dieser Welt, ob ihm diese Tatsache bewußt ist oder nicht, auf dem spirituellen Weg ist. Und ich sage besser *dem* als *einem* Weg, um die Wahrheit zu betonen, daß das Leben selbst ein Prozeß spiritueller Entwicklung vom unausgebildeten zum höheren Bewußtsein ist. Wenn jeder in diesem Sinne auf dem spirituellen Weg ist, sollte dieses Kapitel theoretisch auch für jeden sein. Tatsächlich erfordert es aber mehr von den meisten Menschen, als sie zu geben bereit sind. *Caveat emptor!* Nehmen Sie das, was ich hier geschrieben habe nur an, wenn es für Sie stimmt.

Für die, die bewußt nach Selbstverwirklichung suchen, gelten andere Regeln. Der ernsthaft Suchende braucht keine Gründe, um sein Bewußtsein zu spiritualisieren. Er weiß bereits, daß es einen besseren Weg gibt, als den gewöhnlichen Kampf um weltlichen Gewinn und Anerkennung. Eher wie bei einem für das große Ereignis trainierenden Athleten, so strebt das Herz eines Suchenden dem spirituellen Sieg entgegen. Wenn er oder sie verheiratet ist, werden sie die Übereinstimmung jeder Handlung mit dem göttlichen Willen als eine grundlegende Richtschnur dieser Ehe annehmen. Da die Entsagung an egoistische Begierden die Grundlage des spirituellen Lebens bildet, werde ich in diesem Kapitel – ungeachtet wie sich eine Person nach außen hin bezeichnet – den Weg des spirituell suchenden Partners häufig mit dem des nach außen hin erklärten Entsagenden vergleichen, weil die Tradition dies als das spirituelle Leben bezeichnet.

In den frühen Ausgaben von *Autobiographie eines Yogi* (Kapitel 24) verglich Paramahansa Yogananda den Weg der Partnerschaft mit dem der mönchischen Entsagung. Er schrieb: «Seine irdische Verantwortung zu erfüllen ist tatsächlich der höhere Weg, vorausgesetzt der Yogi beherrscht seine mentale Unabhängigkeit von egoistischen Begierden und spielt seine Rolle als ein gottergebenes Instrument.» Natürlich meinte er nicht, daß die Ehe *an sich* der «höhere Weg» sei. Wenn der ernsthafte Sucher die Ehe als Weg zu Gott betrachtet, muß er sich entschieden darauf vorbereiten, den ausgetrampelten Weg der Befriedigung des Ego zu verlassen.

Paulus teilt uns in den Korinthern mit: «Der, der unverheiratet ist, sorgt sich um Gottes Dinge, wie er ihm gefallen kann: aber der, der verheiratet ist, kümmert sich um weltliche Dinge, wie er seinem Weib gefallen kann.» Yogananda zitiert diese Stelle auch und fährt fort: «Ich habe das Leben von vielen meiner Freunde studiert, die nach einer gewissen spirituellen Praxis geheiratet haben. Sobald sie dem Meer von weltlichen Verantwortlichkeiten ausgesetzt waren, haben sie ihren Entschluß zu tiefer Meditation vergessen. Gott einen zweitrangigen Platz im Leben zuzuweisen war für mich unannehmbar.

Gott zuerst

Das Wichtige bei einer Ehe, die der spirituellen Entwicklung gewidmet ist, ist Gott an die *oberste* Stelle im Leben zu setzen. Zu versuchen das Eingebundensein in die «weltlichen Dinge» zu verringern; das Wichtige ist, zuerst Gott zu gefallen und dann erst dem Partner oder der Partnerin. Der verheiratete spirituelle Sucher muß wie der Entsagende, sein Bestes tun, «das mentale Freisein von egoistischen Begierden zu beherrschen». Er muß seine Rolle als «gehorsames Instrument Gottes» spielen.

Die Verwandlung vom «Sünder» zum Heiligen ist niemals

und unter keinen Umständen leicht zu bewerkstelligen. Mönche und Nonnen haben wie Ehepartner leicht die Neigung, zunächst zu versuchen anderen zu gefallen und sie haben tatsächlich mehr Menschen um sich herum, denen sie gefallen wollen. Auch sie müssen tapfer darum ringen, «das mentale Freisein von egoistischen Begierden zu beherrschen». Auch ist es für niemanden leicht, ungeachtet seiner Rolle im Leben ein «gehorsames Instrument Gottes» zu spielen.

Die Schwierigkeit in der Ehe liegt besonders in der Notwendigkeit zu akzeptieren, daß der Partner eventuell Begierden hat, die auch dann anerkannt werden wollen, wenn man persönlich eher danach trachtet, Begierdelosigkeit zu entwickeln. Andererseits ist der Versuch, anderen zu gefallen, während man seine persönlichen Begierden Gott überläßt, eine hervorragende Übung sowohl in Erniedrigung als auch in Selbstverleugnung.

Um so schwieriger die Aufgabe, um so größer ist oft die Belohnung. Die Herausforderung für Entsagende und Ehepartner ist im Wesentlichen die gleiche: Einen inneren heiligen Ort im Geiste zu entwickeln. Die Menschen verwechseln äußerliche religiöse Handlungen mit Spiritualität. Doch Bruder Lawrence berichtete in seinem berühmten Buch, *Practice of the Presence of God*, daß er einen Punkt in seinem spirituellen Leben erreicht habe, an dem er genausoviel Hingabe verspüre, wenn er einen Strohhalm aufhebe, wie beim Gottesdienst in der Kirche. Was hat für ihn eine so besondere Bedeutung beim Aufheben von Strohhalmen? Offensichtlich nichts. Es war seine *Haltung der Hingabe*, die seiner Handlung Bedeutung verlieh. Wenn das Bewußtsein einer Person sich nach innen kehrt, erkennt sie die Gegenwart Gottes überall und in allen Dingen. Mönche und Nonnen sind in der allgemeinen Vorstellung ständig in göttlicher Inspiration eingetaucht, während man von Ehepartnern fast per Definition annimmt, daß sie in die Verfolgung persönlicher Begierden und die Befriedigung des Ego vertieft sind. In beiden Fällen ist die Wahrheit vielleicht eine ganz andere.

Vor einigen Jahren besuchte ich die griechische Insel Patmos, auf der Johannes seine Offenbarung niedergeschrieben hat. Als ich am Tag meiner Abreise zusammen mit anderen auf das Schiff wartete, rief eine französische Dame in der Reihe vor mir aus: «Mir wurde die Gnade zuteil mit einigen Nonnen des hiesigen Klosters sprechen zu dürfen. Oh, was für einen Frieden haben sie ausgestrahlt!»

«Wirklich?», bemerkte ich. «Ich traf einige der Mönche, aber ich muß sagen, ich habe sie nicht so sehr von Frieden erfüllt empfunden.»

«Nun», die Dame hielt nachdenklich inne und lachte, «jetzt, wo sie es erwähnen, die Nonnen schienen auch nicht so sehr von Frieden erfüllt zu sein!»

Sie hatte ihren Erwartungen, die ohne Zweifel in einer Klosterschule geformt wurden, erlaubt, ihre Wahrnehmungen zu färben.

Soziale Prägungen stehen auch der Spiritualisierung des allgemeinen üblichen Verständnisses der Ehe entgegen. Von verheirateten Paaren wird *erwartet,* daß sie durch Eigeninteresse dazu gebracht wurden. Jeder, einschließlich Mönche und Nonnen, unterstützt diese Vorstellung und bringt dadurch Paare dazu zu fühlen, daß es irgendwie moralisch falsch sein muß, für höhere Grundsätze zu leben.

Ein gottgefälliger Ehepartner

Soziale Normen sind oft nicht auf Wahrheit, sondern auf eine Anhäufung von Phantasie gegründet. Lassen Sie mich eine zusammenfassende Erinnerung an meine Mutter als Antwort auf diese bestimmte Phantasie geben. Gertrude Walters war in vieler Hinsicht eine ganz gewöhnliche Hausfrau. Doch sie liebte Gott und tat ihr Bestes, ein gottgefälliges Leben zu leben. Auch wenn sie in ihrer Hingabe vielleicht nicht «heroisch» war, so war

sie doch standhaft darin. Ich stelle mir vor, daß ihr Leben so typisch für viele Ehepartner war, die ruhig und unauffällig ihr Leben Gott widmen – wie Mutter es auch mit meinem tat, während ihrer ersten Schwangerschaft. Im Fall meiner Mutter waren viele darüber erstaunt, daß sie mit zunehmendem Alter immer schöner wurde.

Zu ihren Lebzeiten habe ich niemanden anders über sie reden hören als in höchst lobenden Tönen. Sie hatte etwas, das niemand so recht verstand, aber alle verzauberte, die sie traf. Die Frau von Georges Enesco, dem Rumänischen Komponisten, nannte sie «un être esquis» – ein außergewöhnliches Wesen.

Doch hatte meine Mutter nichts Gespensterhaftes und Unwirkliches an sich. Sie war nicht in der Lage eine bestimmte Haltung fest einzunehmen – außer tatsächlich gelegentlich, wenn sie humorvoll eine Haltung nachahmte, die sie bedauerte. Denn, ja, sie *war* fähig zu bedauern, auch wenn sie es fast immer mit Humor tat. Sie konnte beispielsweise auf verschrobene Art jedem gegenüber kritisch sein, der vorgab, «einer anderen Welt anzugehören». Denn sie war auch eine Frau mit gesundem Menschenverstand. Ihre Hingabe zu Gott war etwas sehr Privates für sie. Nach außen hin eine unterstützende und liebevolle Ehefrau, eine gute Mutter, eine reizende Gastgeberin und eine gewissenhafte Hausfrau, die sich darüber ärgern konnte, daß das Abendessen «völlig ruiniert» wäre (auch wenn es uns anderen allen köstlich schmeckte), nahm sie sich doch jeden Tag heimlich Zeit, um zu beten und zu meditieren.

Ich glaube nicht, daß es etwas war, das sie äußerlich tat, was sie so besonders machte. Es war eher, was sie *war*. Sie hatte eine dem «mit-Hingabe-Aufheben-von-Strohhalmen» vergleichbare Tugend.

War sie eine Heilige? Ich glaube kaum jemand hätte je daran gedacht, diese Frage zu stellen. Doch erinnere ich mich an eine Begebenheit Jahre nach ihrem Tod. Es war der Jahrestag ihrer Geburt und ich hatte vor, ein besonderes Gebet für sie zu spre-

chen. Unglücklicherweise hatte ich an diesem Tag so einen schnellen Herzschlag, daß es für mich schwierig war, an etwas anderes als mein körperliches Unbehagen zu denken. Spät in der Nacht fand ich mich zu meiner eigenen Überraschung, wie ich *zu* ihr betete, anstatt *für* sie. Einen Augenblick später ging es mir wieder gut.

Neue Begriffe sind nötig

Für viele Ehepartner liegt das größte Hindernis spirituellen Lebens in dem einfachen Gedanken: «Aber was kann ich *tun,* das so spirituell ist?» Die Schwierigkeit liegt in der Vorstellung, daß Spiritualität es erfordern würde, Dinge zu *tun,* die allgemein als «spirituell» bezeichnet werden. Und sie liegt im Begriff des Status des Ehepartners, den die Menschen haben. Unsere Zeit hat neue Begriffe nötig, die zu neuen Erwartungen führen.

Und die Zeit ist reif dafür. Denn ein neues Bewußtsein, das eine weitreichende Veränderung der Lebenseinstellung fordert, hat begonnen, sich unter der menschlichen Rasse zu verbreiten. Daß die traditionellen Vorstellungen von Ehe nicht mehr funktionieren, wird selbst für die, die an die «alte Art» glauben, durch die hohe Verbreitung der Scheidung offensichtlich.

In jedem Bereich des Lebens ist Veränderung nötig. Auch die Verwaisung der Klöster macht diese Notwendigkeit offenbar. Die alten Vorstellungen von Entsagung haben ebenso versagt wie die alten Vorstellungen der Ehe. Sie können nicht das erweiterte Bewußtsein unseres Zeitalters, das Energie-Bewußtsein, zu dem wir uns nach Jahrhunderten des Materie- und Form-Bewußtseins erhoben haben, in sich integrieren. In Klöstern muß die Freude eines Lebens für Gott die traditionelle Betonung des Leidens ersetzen. Liebe und Dankbarkeit muß mehr Gewicht bekommen als Selbstanklage und Selbstbestrafung. Dieses Buch ist natürlich nicht der Ort, um die gegenwärtigen

Anforderungen an Klöster zu diskutieren. Mir geht es hier darum, daß der ganze spirituelle Weg auf eine neue Weise verstanden werden muß, damit er sich mit den heutigen Bedürfnissen der Menschen vereinbaren läßt, die unbeachtet ihres äußerlichen Lebensstils ein in Gott verankertes Leben führen wollen. Auch die Ehe und das Familienleben bietet Menschen, die danach streben, Gott in einer normaleren Umgebung zu suchen als in einem Kloster, ein weites und unausgeschöpftes Feld von Möglichkeiten. Ehepartner können tatsächlich der Gottsuche ergeben sein, wenn sie nur verstehen, daß die Verehrung Gottes in Wirklichkeit schlicht und einfach bedeutet, ihn zu *lieben* und nicht notwendigerweise an bestimmten äußerlichen Formen seiner Verehrung teilzunehmen. Alles, was eine Person tut, kann in diesem Sinne zu einem göttlichen Werk werden. Denn jedes menschliche Leben ist ein Teil des umfassenden göttlichen Dramas. Es ist bloß einfacher, sein Werk als spirituell anzusehen, wenn ihm das äußere Gewand irgendeiner spirituellen Sache gegeben wird.

Der wesentliche Unterschied zwischen dem Leben eines ergebenen Ehepartners und dem der festgelegten Entsagung liegt in der Tatsache, daß die Ehepartner verpflichtet sind, den Unterschied zwischen den Geschlechtern zu akzeptieren und auf diesen Unterschieden aufzubauen, im Gegensatz zum Verleugnen der eigenen Identität als Mann oder Frau. Da das höchste Ziel spirituellen Strebens ist, sich über egoistisches Eingeschlossensein zur Wahrnehmung der Einheit mit Gott zu erheben, kann das Ziel des ergebenen Ehepartners in keiner Hinsicht grundsätzlich verschieden von dem eines Mönches oder einer Nonne sein. Ehe kann vom Gottsuchenden nicht als Erlaubnis zu sexueller Übertreibung genommen werden. Ich werde in diesem Kapitel nicht noch einmal die Vorzüge sexueller Zurückhaltung erläutern. Ich hoffe, daß ich es weiter oben ausreichend betont habe. Was den Sex angeht, so bleibt die Maxime «Weniger ist mehr» für den gottergebenen Ehepartner gültig.

Warum dann überhaupt heiraten? Weil das der Gang der Natur ist. Weil die meisten Menschen sexuelle Begierde leichter Schritt für Schritt als auf einen Schlag überwinden können. Weil man durch die Vereinigung von gegensätzlichen aber sich ergänzenden Naturen gewinnen kann. Dieser Gewinn würde wahrscheinlich durch die Zurückweisung des äußeren Anreizes durch Vereinigung zu innerer Ausgewogenheit zu kommen geopfert werden.

So wie Ehepartner in Gefahr sind, durch die gemeinsame Arbeit an ihrem Heim ihre spirituellen Ziele zu vergessen, so sind Mönche und Nonnen in Gefahr, durch den Verzicht auf die Ehe ihre spirituelle Ausgeglichenheit zu verlieren: die Gefahr ihre menschliche Natur eher zu unterdrücken als über sie hinauszugehen und gefühlskalt – oder umgekehrt – Opfer unerklärlicher, emotionaler Ausbrüche zu werden. Sie gehen das Risiko ein, vom trockenen Verstand abhängig zu werden, anstatt sich dem geschmeidigen Fluß der Intuition hinzugeben.

Welcher Weg ist besser: der des Ehepartners oder der des Zölibats? Die Wahl muß dem einzelnen überlassen werden. Die menschliche Natur ist zu vielfältig, als daß sie unveränderliche Regeln zuließe. Doch es ist offensichtlich, daß für gottergebene Ehepartner eine mönchische Einstellung zum Sex nicht paßt. Ich meine dabei nicht den Sexakt selbst, sondern die einfache Anziehung zwischen zwei Menschen verschiedenen Geschlechts. Ich habe zu viele Paare bei ihrem Versuch eine spirituelle Ehe zu schaffen beobachtet, indem sie ihre Beziehung durch Verhaltensweisen formten, die richtig und angemessen für ein mönchisches Leben sind, aber in der Ehe unnormal. Hin- und hergerissen zwischen der Anziehung auf der einen Seite und von Schuldgefühl getriebener Zurückweisung auf der anderen Seite haben sie damit nur erreicht, daß jeder bei sich und sie gemeinsam in ihrer Beziehung einen Komplex entwickelten.

Das Vervollkommnen unserer menschlichen Natur

Es gibt eine natürliche Balance, die sich aus einer gesunden Beziehung zwischen Mann und Frau ergibt: die Harmonisierung von Denken und Fühlen. Wer ohne Partner lebt, muß daran arbeiten, wenn er auf diesem Weg voranschreitet, diese Harmonie in sich selbst zu erreichen, oder anders, sich gänzlich über die menschliche Natur zu erheben. Idealerweise sollte sein Bewußtsein nicht in seiner Persönlichkeit verankert sein, sondern im überbewußten Fluß der Intuition in der Wirbelsäule. Der vollständig Entsagende lebt nicht auf der Ebene von Vorlieben und Abneigungen, sondern als egofreier Kanal für das Göttliche.

Der Versuch die menschliche Natur zu verleugnen wäre für den Ehepartner sowohl unrealistisch als auch kontraproduktiv. Es wird tatsächlich in der modernen Gesellschaft schon zu sehr versucht, die Verschiedenheit von Mann und Frau wegzudiskutieren, so als gäbe es diese Verschiedenheiten gar nicht. Das Ergebnis dieser eingeschlechtlichen Vorstellung war nicht Klarheit, sondern Verwirrung: Frauen, die wie Männer sein wollen. Männer, die sich in einer aggressiven männlichen Weise benehmen, oder umgekehrt danach streben, ihre Männlichkeit zu unterdrücken. Weitverbreitete Homosexualität (oft das Ergebnis der Reduzierung der sexuellen Anziehung auf eine rein biologische Funktion); und ein Zustand des ständigen Krieges zwischen den Geschlechtern.

Männer müssen in der Beziehung zu ihren Frauen danach streben, den göttlichen Aspekt ihrer eigenen Männlichkeit zu vervollkommnen. Und ähnlich ist es für Frauen in der Beziehung zu ihrem Männern nötig, nach der Vervollkommnung des göttlichen Aspektes ihrer Weiblichkeit zu streben.

Menschen brauchen Rollenvorbilder. Durch den Mangel an wertvollen Beispielen werden sie durch unzählige falsche Vorbilder in die Irre geführt. Der harte, schweigsame oder aggres-

sive Mann; die emotionsgeladene, verführerisch leidenschaftliche oder ängstlich klammernde Frau: dies sind nur wenige der Helden und Heldinnen, die der kinobesuchenden und buchlesenden Allgemeinheit als Ideale angeboten werden. Es gibt reichlich andere Beispiele, aber nur wenige oder keine sind heute im spirituellen Sinn hilfreich. Wohin können Paare sich wenden, um zu lernen, wie sie sich verhalten sollen? In der Ehe sind wie in den meisten Bereichen des modernen Lebens neue Vorbilder nötig.

Der ideale Mann und die ideale Frau

Das für alle Zeiten ideale Paar wurde im *Ramayana*, der vor Tausenden von Jahren geschriebenen großen indischen Erzählung, ausgemalt. Rama ist die Zusammenfassung des idealen Mannes und Sita die der idealen Frau. Ihr Beispiel ist auch heute noch gültig.

Rama spiegelt die zur Vollkommenheit entwickelte männliche Natur. Er war von hoher Gesinnung, großmütig, uneingeschränkt ehrlich, in sich selbst stark, jederzeit dem, was wahr und richtig ist, ergeben, immer bereit den Schwachen zu beschützen und zu verteidigen, die Schwäche anderer vergebend, großzügig als Gewinner, fest der Tugend verpflichtet, niemandem gegenüber fordernd, fair, vernünftig und weise.

Sita war göttliche Vollkommenheit in der Erscheinung der Weiblichkeit: liebevoll, voll Mitgefühl, ganz und gar treu, unterstützend, mütterlich, selbstaufopfernd. Sie war in jeder Tugend das Gegenstück von Rama, aber eher mit Sanftheit und allumfassenden Verständnis als mit äußerlicher Stärke.

Jeder sah im anderen nicht bloß die menschliche Persönlichkeit, sondern eine Erscheinung des Göttlichen. Jeder erfreute sich eher an dieser Erscheinung im anderen, als daß er den anderen auf seine Unzulänglichkeiten hin überprüfte.

Bei einem Tanz, wenn ein Paar sich gemeinsam im Kreis dreht, bekommen sie mehr Schwung, wenn sie sich nach hinten lehnen, voneinander weg. In der Beziehung zwischen den Geschlechtern kommt ein Teil der Schönheit auf ähnliche Weise zustande, indem der/die PartnerIn sich sozusagen auf den natürlichen Unterschieden, die zwischen ihr oder ihm und dem Gegenüber bestehen, aufbaut. Auch wenn wir voraussetzen, daß die meisten dieser Unterschiede oberflächlich sind (wir gehören schließlich zur gleichen Spezies) und daß viele der Unterschiede so etwas wie allgemeine Mythen sind, dennoch kann nicht geleugnet werden, daß unsere Körper, ob nun weiblich oder männlich, uns unterschiedlich beeinflussen. Anstatt diese Unterschiede zu verleugnen, täten Frau und Mann beim Vorhaben die Höhen der Spiritualität zu erklimmen gut daran, diese Unterschiede auf ein göttliches Niveau zu heben.

Ein Aspekt der Beziehung zwischen Rama und Sita wird auf den ersten Blick wenig Reiz für moderne Männer und Frauen haben. Sita diente ihrem Mann und war ihm gehorsam. Rama seinerseits akzeptierte ihre Dienste als Ehre für sich und für sie selbst. Für ihn war ihr Gehorsam eine Erinnerung daran, immer in der Wahrheit zu leben. Denn sie gab ihren Gehorsam dafür, daß er der Wahrheit Ausdruck gab, und nicht seiner Persönlichkeit. (Tatsächlich erinnerte ihn Sita liebevoll aber bestimmt daran, daß ihr Platz an seiner Seite sei, als Rama ihr sagte, sie solle im Palast bleiben, anstatt ihm in sein Exil im Wald zu folgen. Rama hatte keine Wahl, als einzuwilligen.)

Dienen und Gehorchen

Anderen zu dienen wird heute als erniedrigend angesehen. Doch das, was das Ego klein macht, kann die Seele nur erhöhen. Dienen ist ein anerkannter und ehrenvoller Weg zu Gott. Mönche und Nonnen dienen Gott durch den Dienst an den Armen,

durch die Kinder, die sie unterrichten, oder durch den Dienst an den Oberen des Klosters. Sitas Dienste für Rama waren, wie ich sagte, *eine Ehre für sie selbst.* Auch war es nicht so, daß Rama ihr nicht diente. Es war nur so, daß sein Dienen für sie nach außen gerichtet war, zu ihrer Verteidigung und zu ihrem Schutz.

Bei der Frage des Gehorsams gibt es heute Frauen, die ihn für ein viel besseres Mittel halten als Meckerei, um ihren Mann bei der Stange zu halten, «sein Bestes zu geben». Das wichtige daran ist, so wie es Sita verstand, auf eine *transpersonale* Weise gehorsam zu sein – mehr der Wahrheit gegenüber als gegenüber einer Person.

Wenn das Gefühl sich selbst dem Urteil der Vernunft unterwirft, wird es zur Intuition. Wenn der Verstand einsieht, daß das Fühlen hilfreich sein will und nicht wetteifert, hört er zu und mäßigt sein Erfassen zu intuitivem Wissen. Ein Mann, auf den man mit der Haltung zugeht, «Meinst Du wirklich, daß dies richtig und wahr ist?» und nicht mit einer verhüllten Anklage wie, «Warum machst Du *immer* diesen Fehler?» wird hundert Mal wahrscheinlicher einen unvernünftigen Standpunkt zugunsten eines anderen, der für alle der beste ist, aufgeben.

Das Gefühl dem Urteil der Vernunft darzubieten ist in den meisten Dingen der natürliche Weg zu richtigem Handeln. Wenn jedoch eine Frau fühlt, daß sie durch *Un*vernunft tyrannisiert wird, ist es ihr gutes Recht, fest auf den Boden zu stampfen und unverrückbar festzustellen: «Ich folge der Wahrheit und nicht Deiner bloßen Meinung».

Den Kreis schließen

Es liegt eine tiefere Wahrheit in dieser unterstützenden Selbsthingabe der Frau an den Mann. Die Herzensenergie, die für das weibliche Prinzip steht, muß aufwärts auf das Zentrum des Willens und der spirituellen Vision in der Stirn gelenkt werden, das

das männliche Prinzip repräsentiert. Nur so kann die Herzensenergie die ihr eigene Erfüllung erreichen. Wenn sie stattdessen in die äußere Welt mit ihrer Ruhelosigkeit der Vorlieben und Abneigungen fließt, werden die Gefühle von Emotionen eingehüllt und in der Folge zu Wahnvorstellungen. Das Wesen des Yoga, der göttlichen Vereinigung, wurde vom Weisen Patanjali in diese Worte gefaßt: *Yogas chitta vritti nirodh* – «Yoga ist die Neutralisation der Wirbel der Gefühle des Herzens.»

Das Bewußtsein kann nur wirklich im spirituellen Auge zentriert werden, wenn es durch Liebe begleitet wird. Von dort geht der natürliche Fluß der spirituellen Entwicklung nach außen ins Unendliche. Wenn dagegen die Verstandesenergie abwärts in die Unterwerfung unter das Gefühl fließt, ist das Ergebnis Verwirrung und endlose Disharmonie.

Wenn das männliche Prinzip sich in seiner Vollkommenheit zeigt, geht es in der transpersonalen Wahrheit auf. Wenn das weibliche Prinzip zur Vollkommenheit gebracht wird, geht es im einzelnen auf. Das bedeutet, daß es sich einen Brennpunkt sucht, durch den es unendliches Bewußtsein erlangt. Daher strebt das männliche Prinzip zum Abstrakten und das weibliche zum Besonderen. Jedes würde ohne das andere unvollständig sein.

Schließlich erreichen diese sich ergänzenden Aspekte des menschlichen Bewußtseins eine Vollkommenheit als wenn sich ein Kreis schließt. An diesem Punkt ist es nicht länger möglich zu sagen, daß eine Qualität einen Anfang oder ein Ende hätte. Der Kreis ist in sich vollständig.

Transpersonale Liebe entwickeln

Damit Ehe zu einem Weg der spirituellen Erleuchtung wird, muß sie sich schließlich darauf konzentrieren, transpersonales Bewußtsein zu erlangen. Viele Menschen können sich das nicht

so einfach vorstellen, besonders nicht als ein Ideal in der Beziehung zwischen Mann und Frau. Doch es ist nicht so eine fremdartige Vorstellung, wie es zunächst erscheint. Denn wahre Transpersonalität hat nichts mit Kälte oder Gleichgültigkeit gegenüber den Bedürfnissen eines anderen zu tun. Sogar viele Mönche und Nonnen verwechseln Transpersonalität mit einem Sichfernhalten, das an eitlen Stolz grenzt. Doch das einzige, was diese Absonderung wirklich zeigt, ist ihr Mangel an Einfühlungsvermögen für andere.

Richtig verstandene Transpersonalität kann man als das Wesen von Verbundenheit und bedingungsloser Liebe sehen. Transpersonalität meint nicht, selbstsüchtig an anderen zu hängen, sondern sie für das Gute *in ihnen* zu lieben und nicht zum eigenen Vorteil. Es bedeutet nicht, zu denken, «Was *bekomme* ich von anderen?», sondern darauf zu achten, «Was kann ich *ihnen geben*?».

Die große Gefahr in der Ehe liegt in dem Gedanken «Er (oder sie) *schuldet* mir etwas». Diese Auffassung ist sowohl selbstsüchtig als auch eine Selbsttäuschung. Uns von jemandem abhängig zu machen für das Glück, das wir nur in uns finden, bedeutet, angesichts der tiefsten Wahrheit unseres eigenen Wesens die Augen zu schließen. Übermäßige Forderungen an den Partner zu stellen bedeutet, die zarten Blätter der wahren Liebe mit den Füßen zu zertreten.

Vollkommene Unabhängigkeit wird nur durch langes Bemühen erreicht, bei Partnern ebenso wie bei der Partnerschaft Entsagenden. Eine wichtige Übung um sie zu erreichen ist, gelegentlich Perioden des Schweigens und des Alleinseins einzulegen. Yogananda pflegte zu sagen: «Abgeschiedenheit ist der Preis für Größe.» In einer spirituell ausgerichteten Ehe ist es sicherlich mit beiderseitigem Einverständnis möglich während bestimmter Zeiten des Tages oder der Woche Schweigen zu üben. Üben Sie Schweigen *gemeinsam*. Anerkennen Sie gegenseitig das Bedürfnis nach gelegentlicher Zurückgezogenheit. Finden

Sie Zeiten, in denen Sie glücklich und liebevoll zusammen schweigen – nicht nur beim Gebet oder bei der Meditation, sondern während Sie spazierengehen, essen oder lesen. Ermutigen Sie sich gegenseitig, sich jedes Jahr circa eine Woch zu nehmen, um allein zu beten und zu meditieren. Solche Perioden der Abgeschiedenheit werden keine Spannung in ihre Beziehung bringen, sondern wird sie tiefer in göttlicher Harmonie und Frieden verankern.

Wie oft sollten Sie gemeinsam meditieren? Das ist relativ. Prinzipiell ist es natürlich gut, gemeinsam spirituelle Übungen zu machen. Doch der Rhythmus zweier Menschen ist nicht immer gleich. Lassen Sie Ihre Gemeinsamkeit natürlich sein und erzwingen Sie sie nicht. Der eine von Ihnen möchte vielleicht länger meditieren oder zu anderen Zeiten als der andere. Wenn Sie sich gegenseitig Freiraum in diesen Dingen geben, erhalten Sie in Ihrer Beziehung eine Frische, die verschwindet, wenn Sie sie erzwingen wollen.

Es ist wichtig zu erkennen, daß Ihr höchstes Ziel nicht irdische Vollkommenheit ist, sondern Vereinigung mit Gott. Streben Sie gemeinsam danach, ihre Beziehung *in ihm* zu vertiefen. Um so näher Sie Gott kommen, um so tiefer wird die Liebe zwischen Ihnen. Jesus Christus sagte es so: «Trachtet am ersten nach dem Reich Gottes und seiner Gerechtigkeit, und so wird euch solches alles zufallen.» (Matthäus 6,33)

Ein letzter Gedanke zur Bedeutung des Schweigens: Wahre Liebe findet ihren höchsten Ausdruck in vollkommener Ruhe. Am Ende findet sie diesen Ausdruck in dem atemlosen Zustand tiefer Vereinigung mit dem unendlichen Geliebten.

Ein Weg Transpersonalität in Ihrer Liebe zu entwickeln ist, immer zu versuchen in Ihrem Partner die Gegenwart Gottes zu sehen, so als wäre sie durch den Schleier der menschlichen Persönlichkeit verborgen. Arbeiten Sie daran, «anders gesinnt» zu werden. Sehen Sie Ihren Partner als Manifestation der Liebe Gottes oder als besonderes Geschenk Gottes an Sie – ein Ge-

schenk, daß nicht nur Ihrer Bequemlichkeit dient, sondern manchmal auch Ihrer spirituellen Übung und Disziplin.

Es wird Ihnen bei Ihren Bemühungen über das Ego-Bewußtsein hinauszugelangen hilfreich sein zu versuchen, die Selbstdefinition eines Menschen – auch nicht die Ihres Partners – als Ego oder Persönlichkeit nicht für wahr zu nehmen. Anerkennen Sie, wenn es sein muß, *die Tatsache*, daß die anderen sich so sehen. Respektieren Sie ihr Recht zu ihrem eigenen Selbstverständnis. Doch verbeugen Sie sich in Ihrem Herzen immer vor dem Göttlichen hinter der Maske. So wie Sie andere sehen, Ihren Mann oder Ihre Frau eingeschlossen, so werden sie sich vielleicht irgendwann einmal selber sehen.

Die höchste Pflicht

Eine Haltung von «Anders-Gesinntheit» ist in der Ehe viel schwieriger als in weniger intimen Beziehungen. Idealerweise ist Ihr Partner ausreichend spirituell sensibilisiert, um es zu schätzen und freundschaftlich zu erwidern. Unglücklicherweise passen Paare nicht immer gleich gut zusammen, besonders wenn die Suche nach Gott spät in die Ehe kommt oder nur zu einem Partner. Was sollen sie tun, wenn Ihr Partner einfach nicht den gleichen spirituellen Eifer teilt?

Wo eine Verständigung in diesen Dingen nicht auf Gegenseitigkeit beruht, ist es wichtig, niemals zu versuchen, den Partner zu «bekehren». Bieten Sie ihm stattdessen bedingungslose Liebe. Wenn es jemals einen Wandel geben sollte, wird er mit größerer Wahrscheinlichkeit das Ergebnis Ihres stillen Beispiels sein als das Ihrer Ermahnungen, Ihrer Nörgelei oder was auch immer.

Was ist mit Scheidung? Gibt es das in einer spirituellen Ehe? Spiritueller Gewinn liegt oft darin, sein Bestes unter schwierigen Umständen zu tun. In diesem Fall, mit jemandem zu leben, der nicht die eigenen spirituellen Bemühungen unterstützt. Trotz-

dem kann der Verdienst ernster Bemühungen durch die Unmöglichkeit des Erfolges überschattet werden. In solchen Fällen ist vielleicht eine freundschaftliche Trennung der bessere Weg als zunehmend entmutigendere Versuche, eine unnatürliche Verbindung zusammenzueisen. Es liegt kein spiritueller Gewinn in einer Liebesbeziehung, die in Bitterkeit endet.

Denn nicht jede Ehe wurde im Himmel geschlossen, auch entgegen anderslautenden theologischen Forderungen. Wenn eine Pflicht mit einer höheren Pflicht in Konflikt gerät, hört sie auf, eine Pflicht zu sein. Die höchste Aufgabe der Menschheit ist es, Gott und die Wahrheit zu suchen. Eine Ehe, die diesem Ideal im Namen eines bloß menschlichen Krompromisses den zweiten Rang einräumt, ist dazu bestimmt, auf beiden Ebenen, der menschlichen und der göttlichen, zu scheitern.

Das Leben ist immer ein Kompromiß zwischen unseren subjektiven Erwartungen an es und seinen objektiven Realitäten. Doch sollte jeder Kompromiß, den wir machen, an unseren Prinzipien ausgerichtet sein und nicht unsere Prinzipien am Kompromiß.

Denken Sie daran, daß Prüfungen ein unvermeidlicher Teil des spirituellen Lebens sind – in der Tat auf jeder Ebene des Lebens. Unser Schicksal stellt uns nicht vor ein Problem, nur damit wir unterliegen. Um so größer das Problem ist, um so größer ist die Fähigkeit zum Sieg. *Ja*, es ist auf manche Art schwieriger, ein der Spiritualität geweihtes Leben in der Familie zu leben, als allein oder hinter den Mauern eine Klosters. Doch anzunehmen, das Ehe *notwendigerweise* bedeutet, für «mich und die Meinen» zu leben – mehr im kleinen Ego als im göttlichen Selbst – oder daß das Leben als Ehepartner höchstens zu einem spirituellen Kompromiß führt, das bedeutet Gedankenmuster zu akzeptieren, die verändert werden können und müssen.

Lebendige Beispiele einer spirituellen Ehe

Was es mehr braucht als alles andere sind Rollenvorbilder für eine neue Art von Ehe: eine erweiternde, nicht eine einschränkende; eine spirituelle, keine in selbstsüchtigen Begierden gegründete. Das Epos von Rama und Sita ist zu jeder Zeit lehrreich und anregend, aber es braucht auch *lebendige* Beispiele.

Zu diesem Ziel und um zu helfen ein spirituelles Zentrum für viele Aktivitäten des modernen Lebens zur Verfügung zu stellen, gründete ich selbst 1968 eine Gemeinschaft mit dem Namen *Ananda World Brotherhood Village.** Sie ist in der Nähe von Nevada City, Kalifornien, beheimatet. Zur Zeit gibt es fünf Ananda Tochtergemeinschaften, eine davon in der Nähe von Assisi in Italien. In diesen Gemeinschaften leben sowohl Singles als auch verheiratete Menschen ein ganz normales Leben, aber mit einer spirituellen Ausrichtung.

Ein Grund warum ich die Ananda-Gemeinschaften gründete, war die Erkenntnis, daß die gleiche Anzahl Menschen, die in verschiedenen Städten leben und arbeiten, eine nicht annähernd so große gesellschaftliche Wirkung haben würden, als wenn sie ihre Energien an einem oder wenigen Orten konzentrieren würden. *Ananda World Brotherhood Village* ist heute in der ganzen Welt bekannt als ein Ort, der überzeugende Beispiele einer neuen Art zu leben bietet.

Eine meiner Hoffnungen an diese Gemeinschaften war, daß sie eine neue Form der spirituellen Ehe entwickeln. Trotz vieler Hindernisse und Schwierigkeiten am Anfang wird die beachtliche und ständig steigende Zahl von Ehen in Ananda von den

* Die Adresse von *Ananda World Brotherhood Village* in Amerika und die vom Autor vorgeschlagene Hochzeitszeremonie (in Englisch) erhalten Sie auf Anfrage beim Verlag:
Mandala Media AG, Postfach 404, CH-4310 Rheinfelden
Tel. + Fax: 061 / 831 72 30

Menschen überall als Quelle der Orientierung und Anregung betrachtet.

Dieses Buch ist zum Teil das Ergebnis der Erfahrungen, die in Ananda während sechsundzwanzig Jahren durch Versuch, Irrtum und Entdeckungen gemacht wurden. Es wurde mit, möchte ich fast sagen, Blut, Schweiß und Tränen geschrieben – aber auch auch aus dem Gefühl des Triumphes und der Freude.

Möge der Tag heraufziehen, an dem die Menschen überall ein neues, erweitertes Bewußtsein in ihrem Leben verwirklichen, mit der Erkenntnis, daß ihr Glück notwendigerweise das Glück aller anderen miteinschließen muß.

Das Buch

Die Liebe fürs Leben ist das Ergebnis einer langjährigen und intensiven Beratungstätigkeit des Autors mit der Absicht, das vielleicht Schönste für Menschen Mögliche – die Verwirklichung von Liebe und persönlicher Erfüllung – Realität werden zu lassen. J. Donald Walters erläutert lebensnah, wie es möglich ist, daß die von vielen Menschen als einengend empfundenen Ehe zu einer unvergleichlichen Erfahrung von Freiheit und Unterstützung wird. Aus dem «Du verstehst mich einfach nicht» kann tiefes Mitgefühl und eine Bereicherung durch die Andersheit des anderen erwachsen. Hingabe und Zusammenwachsen bedeuten richtig verstanden und gelebt eine einmalige Chance, immer mehr derjenige Mensch zu werden, der man eigentlich ist. Menschen, die diesen Weg beschreiten, sind nicht einfach nur sich selbst genug, sondern haben eine geradezu magische Austrahlung auf ihre Umgebung.

Der Autor

J. Donald Walters ist ein Schüler von Yogananda (Autobiographie eines Yogi), einem der bekanntesten spirituellen Lehrer dieses Jahrhunderts. Er hat die letzten Jahre vor seinem Tod mit ihm zusammengelebt und danach Tausenden von Menschen in aller Welt Yoganandas Lehren weitergegeben. Seit mehr als fünfundvierzig Jahren berät er Menschen bei der Lösung ihrer Probleme und hat seine Erfahrungen in über sechzig Büchern niedergeschrieben.

Für Menschen, die mit dem Herzen lesen

Cheri Huber
DEIN SCHLÜSSEL ZUM GLÜCK
Bereitschaft ist alles
Aus dem Amerikanischen von
Renate Ullerich
136 Seiten, illustriert, gebunden
ISBN 3-906983-00-5

Das Buch
Humorvoll, spielerisch und mit treffender Logik führen die Texte dieses Buches auf den Weg zu einem glücklicheren Leben. Es ist ein Geschenk für Menschen, die sich in liebevoller Weise um die eigene Entwicklung bemühen.
Friede und Freiheit hängen ab vom Bewußt-Werden, wie wir uns dem Leben gegenüber verhalten. *Dein Schlüssel zum Glück* hilft, einen Schritt zurückzutreten und eine erweiterte Sicht für unser Leben und das, was uns wirklich glücklich macht, zu gewinnen.
Dein Schlüssel zum Glück stärkt unsere Fähigkeit, das Liebenswerte und Schöne in unserem Leben zu sehen und schwierige Momente im Vertrauen auf diese Fähigkeit zu meistern. Humorvolle Illustrationen und verblüffend einfache Lösungswege bestätigen immer wieder unser Geburtsrecht auf die Freude über das wundervolle Geschenk, das wir Leben nennen.

Die Autorin
Cheri Huber lehrt seit über zehn Jahren an einem Zentrum für Meditation in der Tradition des Zen-Buddhismus. Sie ist Autorin von einem halben Dutzend Büchern, die das Ergebnis der Erfahrungen ihrer Lehrtätigkeit sind und die den Menschen helfen, eine klarere und freudvollere Sicht ihrer Existenz zu erlangen.

Wegweisende Beiträge zum Thema Sexualität

perspectiva (Hrsg.)
SINNLICHKEIT UND SEXUALITÄT
280 Seiten, 13,9 x 21 cm, gebunden, ISBN 3-906983-02-1

Das Buch

Dieses Buch ist eine Sammlung aktueller Beiträge zu dem Thema, das wie kaum ein anderes nicht nur die Gemüter der Menschen bewegt. Ein praktischer Wegweiser für den bewußteren und fruchtbaren Umgang mit Sinnlichkeit und Sexualität.

André Baliarda
Über den Umgang der Menschen mit dem launischen Gott Eros
Mona Lisa Boyesen, Ebba Boyesen
Erogenetik – neue Dimensionen in der Biodynamischen Psychologie
Dieter Duhm, Sabine Lichtenfels
Psychotherapie –Soziotherapie – Ökotherapie
Karl Geck, Caecilia Weber-Ebeling
Sexualität und Glaubenssätze
David Gilmore
Die Kraft des Lachens – Sinn der Sinnlichkeit
Allan Guggenbühl
Männliche Sexualität – Flucht vor dem Beziehungsterror?
Klaus Heer
Sie würden sich lieber die Zunge Abbeissen
August E. Hohler
Schlagen oder Streicheln – Über das Prinzip der Zärtlichkeit
Renu Li
Sexualenergie – die Quelle unserer Lebenskraft
Amy und Arnold Mindell
Traumkörperarbeit und Beziehungen
Margarete Mitscherlich
Identität, Geschlecht und Ideologie
Julia Onken
Sackgasse Sexualität
Rainer Pervöltz
Die Bedeutsamkeit des Unzüchtigen und der fruchtbare Umgang damit im therapeutischen Prozeß